打洋工 发洋财

——农民工出国打工必备手册

力金定　编著

WUHAN UNIVERSITY PRESS
武汉大学出版社

图书在版编目(CIP)数据

打洋工　发洋财:农民工出国打工必备手册/力金定编著. —武汉:武汉大学出版社,2016.1(2018.1 重印)
ISBN 978-7-307-17420-7

Ⅰ.打…　Ⅱ.力…　Ⅲ.民工—劳务出口—中国—手册　Ⅳ.F752.68 -62

中国版本图书馆 CIP 数据核字(2015)第 321972 号

封面图片为上海富昱特授权使用(Ⓒ IMAGEMORE Co., Ltd.)

责任编辑:聂勇军　　责任校对:汪欣怡　　版式设计:马　佳

出版发行:**武汉大学出版社**　(430072　武昌　珞珈山)
(电子邮件:cbs22@whu.edu.cn　网址:www.wdp.com.cn)
印刷:湖北省荆州市今印印务有限公司
开本:720×1000　1/16　印张:10.5　字数:112 千字
版次:2016 年 1 月第 1 版　2018 年 1 月第 8 次印刷
ISBN 978-7-307-17420-7　定价:18.00 元

前言

近年来，越来越多的农民工朋友走出国门，追寻价值高地，与“中国制造”的商品一样，“中国劳务”也走向了世界，出国“打洋工”正成为一种潮流，成为一种时尚，成为一种“热”。出国“打洋工”不但受许多农民工青睐，也让一些办公室白领们怦然心动。

出国“打洋工”最先开始于20世纪50年代，那时我国政府有组织有规模地将一大批农村劳动力选派到亚非拉国家去支援当地建设，他们是最早一批的“打洋工”者。而“打洋工”成为一种“热”，却是近几十年的事，是随着我国改革开放政策的推行，以及外贸大发展及我国大型公司在国外投资设厂或在国外拥有承包工程，需要大量的劳动力到国外从事生产与建设，于是“打洋工”应运而生，这是一种市场行为，也是一种自发行为。

“打洋工”能够成为一种“热”，最主要的原因就是在国外能够拿高薪。出国打工，一般来说普通服务员每年收入在6～12万元人民币，木工、瓦工、钢筋工、水电工、油漆工、厨师等收入在12～25万元人民币。如果你拥有较高技术，又在新加坡、日本或西欧等发达国家和地区“打洋工”，那每年就挣得更多了。相比国内一般普工每月两三千、一年三四万的收入，出国“打洋工”的丰厚收入确实让人眼红。

据统计，目前，我国“打洋工”者已遍布世界 180 多个国家和地区，累计派出各类劳务人员 600 多万人。据商务部最新数据，今年 1~6 月，我国各类出国劳务人员达 26. 4 万人，较去年同期增加 0. 9 万人；其中承包工程项下 13. 5 万人，劳务合作项下 12. 9 万人。6 月末在外各类出国劳务人员达 101. 5 万人，较去年同期增加 7. 9 万人。

开展对外劳务合作，对于实施“走出去”战略，配合“一带一路”建设，增加国民收入，促进就业发挥了积极作用。为鼓励农村剩余劳动力去海外打工，一些劳务输出大省喊出了“派出一人，富裕一家，带动一片，安定一方”的口号。而实际效果也有效印证了此口号，一些劳务人员是“一年土，二年洋，三年回家盖楼房，四年投资办工厂”。这些出国务工者不但活得比城里人好，而且在国外几年，他们增长了见识，开阔了眼界，提高了技艺，凭着掌握的先进技术和积累的管理经验，他们在国外挣到第一桶金后，返乡选择兴办建筑建材、餐饮服务、旅游开发等第二、第三产业，从而实现华丽转身，成为社会的能人，为缓解政府就业压力，维护社会稳定，创造财富做出了积极贡献。

当然，任何事物都有两面性，出国“打洋工”也是如此，出国之路也是汗水掺杂着泪水，出国世界相伴有红与黑。

许多劳务人员在求职过程中受不良中介蒙骗，在交了血汗钱后却无法出国打工，导致掘金梦成空；一些务工人员即使成功踏上国外土地，但实际享有的收益与合同约定不符的情况时有发生，合同工资无法得到兑现；一些农民工受外方雇主百般欺凌，拖欠工资，超长加班，成为“奴工”，却告状无门。此外，一些国家政局不稳，政权更迭频繁，工人罢工不断，导致务工工厂无法经营而破产；一些国家排华、反华心理严重，务工人员成为一些不法分子或黑社会绑架勒索的首要目标；还有许多务工者在国外辛苦赚钱养家，可回家后却发现家里已换了男主人……

此外，我国出国务工的市场秩序、相关政策法律还不很完善，出国打工的农民兄弟遇到了人身安全、工资结算、生活和日常交流等方面的问题，以及务工纠纷却不知找谁申诉，找谁处理，难以维权。

总之，出国务工人员权益被侵害是由于劳动法律缺位、政府放松管制、中介组织和用工单位联手压榨外派劳工等多种因素造成的。因而，如何促进外派劳工权益保护的改善，是目前我国政府亟待解决的问题之一。

正是基于此，我们组织编写了这本农民工出国打工读物，考虑到是农民读物，本书讲究通俗易懂，言简意赅，以一个小节、一个标题说明一个问题，给农民兄弟切实的指导。本书不作长篇大论式的说教，也不作过多的理念探讨，本书的主旨就是以最浅显的论述，最亲切平和的语言，最富有条理的方式，让出国务工农民切实掌握出国打工技巧，掌握生存之道，在国外务工期间能够安居乐业，最终能够实现揣着梦想平安出行，带着钞票平安回家的目的。

期望本书能够成为指导农民朋友“打洋工”的手册，成为他们发家致富的聚宝盆。

本书在编写过程中虽然倾尽全力，但由于编者水平所限，难免会出现疏漏或错讹之处，恳请读者批评指正。

本书在编写过程中参考了国家商务部及中国对外承包工程商会等相关部门网站，也参考了前人撰写的相关资料，对他们的辛苦付出表示衷心的感谢！

在本书编写过程中，有许多同志对本书的编写做出了努力，他们是：黎红飞、柳叶青、王松、谢甜、杨怡、徐敏、周林、石磊，他们或者参与具体编写，或是提供数据，或是提供相关资料，或是参与审校，对他们的辛苦工作表示衷心的感谢。

作 者

2015 年 11 月

目　录

第一章　出国务工正当时 …………………………………… 1

第一节　我国农民工打工现状 ……………………………… 4

第二节　我国对外劳务输出现状 …………………………… 10

第三节　《对外劳务合作管理条例》解读 ………………… 18

第二章　出国劳务申请办理的流程、手续 ……………… 24

第一节　选择正规劳务外派公司 …………………………… 26

第二节　出国手续及办理 …………………………………… 31

第三节　合同的签订 ………………………………………… 34

第四节　外派劳务收费标准及工资标准 ………………… 44

第五节　国外打工注意事项 ………………………………… 51

第三章　出国准备 …………………………………………… 57

第一节　出国知识 …………………………………………… 57

第二节　出国准备 …………………………………………… 69

第四章 国外生活及礼仪 …… 81
第一节 出国生活 …… 81
第二节 文明出行 …… 92
第三节 必备礼仪知识 …… 96
第四节 移民海外 …… 113

第五章 中国境外领事及领事保护 …… 115

第六章 国外务工纠纷案例解析 …… 126

第七章 附录 …… 146
对外劳务合作管理条例 …… 146

第一章
出国务工正当时

先看以下两则新闻

澳洲搬砖工周薪3万、月薪12万引发都市白领各种羡慕嫉妒恨

近日，一则澳大利亚搬砖工周薪暴涨至3万元人民币的新闻闪瞎了众网友的眼睛。这则新闻援引了澳大利亚砖业基金会的数据，称由于人手紧缺，澳大利亚新南威尔士州砌墙工的工资已经从一年前的0.85澳元(约4.1元人民币)一块砖暴涨至1.90澳元(约9.2元人民币)。这意味着，一位澳大利亚砌墙工的薪资完全可以秒杀掉大多数坐办公室的小白领。

其实，早在去年，澳大利亚联邦政府就提出放宽技术移民条件，将厨师、砖匠及瓦匠这三种职业加入"技术移民职业列表"，这意味着相关工人不需要雇主的担保就能获得永久签证。

读罢新闻，网友炸开了锅，纷纷表示要去澳大利亚路上搬砖致富之路。(摘自搜狐新闻)

武汉黄陂“洋工村”　家家户户有人出国打工

昨日，省商务厅、市商务局和黄陂区政府联合举办的出国务工专场招聘会在黄陂区李集街李集中学举行。当日，来自日本、以色列等8个国家的18个用工机构提供了2000个岗位，3000多名农民工在家门口开了“洋荤”，其中1500位现场找到了工作。黄陂泡桐人官华忠高兴地说，出国打工10年来，还是第一次碰到在家门口找工作。

据武汉市商务局统计，今年上半年武汉共有1427人出国务工，其中黄陂区有500多人，占了三分之一。他们每年给家人寄回4000余万元，平均每人每年赚得外汇8万元。

出国务工人员年龄以20岁至40岁居多，除了出国务工的农民，中职中专的学生也比较多。出国务工人员的职业多为研修生、电子工、农业采摘工、印刷工、钢筋工等建筑工种。

黄陂区李集街方安集村是有名的“洋工村”，村里共有820户，家家户户有人出国打工。黄陂李集街的孙勋焱到利比亚打工两年，赚了近20万元，除了将家里的各种电器全部换新外，还为自己的两个孩子早早地攒下了学费……他只是黄陂500位“打洋工”农民中的一个。

记者现场看到，与其他招聘会上年轻人西装革履、手持简历四处投档的场景不同，一些衣着朴素的中青年农民工将外国用工单位围了个水泄不通。当记者问及谁出国打过洋工时，不少“先行者”很得意地从口袋里掏出护照本和外出派遣证书，喜气洋洋地告诉记者“去过好几个国家呢”。

目前，我省外出务工人员中三成以上为建筑工人(泥工、木工、电工、钢筋工等)，他们外出务工月收入最低7000元，最高则突破3万元。除此以外，我省赴日的缝纫工、赴新加坡的电子产品装配工和幼师也呈逐年上升趋势。

为引导劳务人员通过正规渠道赴国外务工，目前，我省在武汉、宜昌、襄樊、十堰等地建立了14家外派劳务服务中心。而今年，我省还将在黄陂、新洲、江夏新增三个外派劳务服务基地。省商务部门提醒，出国务工除关注高薪之外，可多去上述服务中心或基地了解出国注意事项。

目前，除中铁十一局、中国一冶、湖北省工业建筑集团等大型涉外建筑施工单位可直接进行劳务输出外，我省有九家中介机构拿到了外派劳务输出资格。市民出国“打洋工”前，可登录商务部官方网站查验中介机构资质，一旦发现问题，可第一时间向商务部门举报。(摘自《楚天都市报》2014年3月12日)

读罢以上两则新闻，你是否为自己每月微薄的月工资而感到汗颜，内心也产生了出国打工的冲动。20世纪80年代以前，我国是没有“洋打工”这一词的，限于当时的政治环境以及经济发展态势，劳动农民只能守着自己的一亩三分地，过着极度贫困的生活。“洋打工”是伴随着改革开放以及商品经济大发展后出现的产物。

第一节　我国农民工打工现状

改革开放后，我国逐步放开了对农民的管制，农村家庭联产承包经营责任制的实行又把农村劳动力从土地上解放出来，现代科学技术在农业上的应用，又不断催生出更多的农村富余劳动力。过去需要大量劳动力耕作的土地，现在只需要少量的人就能够完成。农村富余劳动力要找到新的出路，而城市的迅猛发展，城市的基础设施建设、社会服务业又提供了充盈的岗位需要大量的劳动力前来拾遗补阙。城市的建筑、市政、环卫以及宾馆、商厦服务、商业销售，还有直接服务于居民生活的餐饮、家政、家居装修、美容美发、缝补等这些劳动密集型的行业，又都适宜文化技术水平不高的人来做。于是，农村的富余劳动力迅速地向城市迁移和集中，去从事非农业生产。

如火如荼的城市建设潮，客观上也带来了巨大的劳动力需求，这使得打工浪潮经久不息。

外出打工对农民的影响是多方面的。打工的经历在打工者身上日积月累，无疑会影响和改变着他们的思想观念、思维方式和生活方式。观念上的变化和通过打工积攒的能力又促使他们去进一步改变现实环境，促进自身的发展，从而改变自己的人生。

一、打工对农民工的影响

1. 打工改变农民工思想

走出相对落后、封闭的农村外出打工，首先是视野一下子开阔起来，这让很多打工者有了更多的自我意识、经济意识，他们的人生观、价值观、婚姻观、生活方式等都发生了改变，进而影响和带动了思想文化观念、生活方式的变迁。

(1)生活观念的变化。长期以来，小农经济的影响和日出而作、日落而息的农耕生活方式养成了农村人普遍存在的自我满足的心态和缓慢的生活节奏。随着外出务工人数的日益增加，这种生活状态渐渐被打破。

经过打工生活的磨炼，打工者适应了快节奏的生活方式，时间观念增强；更具有市场竞争意识和协作精神；更注重自己的外在形象和内在的知识修养。体验了现代文明的生活，农村原有的生活标准不再令他们满足，他们要用自己的能力去改变家乡的生活环境。比如，现在已经是北京一家杂志社编辑的吴刚，当年他从湖南老家到广东东莞打工时，最先是一家工厂的流水线工人。站稳脚跟后，他利用攒下的钱在自己家门前修了一条路，并接通了自来水管，改变了家乡祖祖辈辈靠挑水吃饭的历史。

(2)婚姻观念的改变。过去，农村人的通婚通常局限在同村同乡之间，方式一般也是通过媒人介绍，男女双方家长认可后相见相识而成婚。现在则不然，年轻的打工者择偶大多不再需要媒人的介绍，选择范围也更宽，可以是同乡同学，也可以是同在外面务工的志同道合者，不管语言和生活习惯如何、家境如何，即使是跨县跨省，只要相互中意，就自由恋爱、自主结合。现在这种婚姻形式在打工者中很普遍。

(3)社交观念的变化。长期生活在农村的人，原本都是以血缘关系、地缘关系作为日常交往对象。打工初期，打工者也仍是依赖原有的这种关系来维持初来乍到的城市生活，他们遵循着“老乡见老乡，两眼泪汪汪”的古训，靠那些与自己同时进城的亲戚朋友来解决出现的生存问题。随着打工生活的持续，打工者积累了城市生活经验，他们的生活圈子、社交范围开始扩大，而且他们更渴望结交更多的生活圈子以外的人，以获得广泛的信息，寻求更广阔的发展空间。他们原来的社交圈逐渐被新的、更广泛的社交网络所代替。

(4)教育观念的改变。“没有文化照样种田”，这种观念在过去的农村非常普遍。见识了外面的世界后，“没有文化走向社会会吃亏”早成为打工者的共识。许多年轻的打工者打工挣钱后，利用业余时间去补习文化课或学习职业技能，已婚者也都在为子女教育攒钱。

农村进城打工者这种思想观念上的变化，对我国特别是农村思想文化观念的变迁，影响是深远的。

2. 打工提升农民工的素质

26岁的川妹子刘香，17岁就外出打工。这些年，她不仅自己决定了自己的婚姻大事，还常常主理家庭的重要事务，父母、兄弟姐妹的大事都愿意听她的意见。她之所以能够在家里说话算数，是因为她承担起了男性的传统的养家责任。她将钱寄回家供弟弟上学，还为家里盖新房子出了一半的费用。打工不仅让她获得了经济上的独立，还历练了她的能力，她在处理家里问题的意见往往令家人信服。这在过去，对一个农村女孩来说几乎是不可想象的。

像刘香这样的打工者在农村中很常见。外出打工带来的不仅是脱贫致富，打工生活的磨炼还让自身素质不断获得提升。

许多打工者通过进城打工，做了他们过去想做不能做，甚至想都没想过的事情，让他们成为了一个有作为的人。在城市里，他们和城里人一样活跃在各个领域，有的已成为高级技工、企业管理者、成功的商人，甚至打工文学的作家等。因为在外打过工的人有能力，有见识，许多地方政府还选拔返乡农民工当村干部，让他们带动乡亲们致富发展。

3. 打工带来新的发展机遇

让打工者精神面貌非同一般的，还因为打工如人生的阶梯，它帮助打工者一步步地成才，向成功者迈进。那份在晋升中获得的成就感，比挣钱更令打工者自信和自豪。

陈子良原是广东山区的农民，只有小学学历，当年他上学时曾为了18元的学费而发愁。为获得一技之长，他把自家建房子的树木卖光，用这些钱考了个B级驾驶证。最开始他在深圳某家具厂当司机，后来做业务员。在带客户吃饭的过程中，他发现客家菜馆的生意很好，于是用自己打工的积蓄和从亲戚朋友处筹集的10万元，开了家客家菜馆，赚到了第一桶金。之后，他又借了35万元，连带押上用房产借的高利贷凑足100万元，成立了一家电子来料加工厂。现在，这个最初的打工仔已是有着800多名员工的大老板了，公司的电子产品遍布全国各大城市和美国、荷兰、法国、俄罗斯等地。一个只念过几年书的年轻人，是在打工的过程中找到了自己的人生坐标，创造了从每月挣420元工资到每年创6000多万元利润的奇迹。

不管是主动还是被动，打工者除了挣到钱外，还经历了过去不曾经历过的事，结识了过去不曾认识的人，接受了过去没有获得过的知识，发现和创造了更多的发展机会。

4. 打工实现创业理想

有许多外出务工人员经过多年打工，积攒了经济实力，熟悉了某行业的业务，具备了一定的管理经验，走上了自己当老板的创业之路。当今许多知名的浙商都是打工者出身，他们有的做过鞋匠，有的做过木匠，有的干过推销员等，在走南闯北中，一步步发展起来。

在外出务工人员中，有人喜爱城市，有人则深深眷恋故土。家乡虽然贫穷，但他们梦想着有朝一日自己有了钱、有了能力后去改变家乡面貌。打工架起了这些农村年轻人理想与现实之间的桥梁，圆了他们的梦想。

近些年，有不少挣了票子、换了脑子、学会了管理和技术的外出务工者回乡办企业，不仅自己当上了老板，还促进了当地经济发展，吸纳了当地剩余劳动力就地就业。

二、打工经济对农村现代化的影响

打工经济给城市带来的效益是显而易见的，不少高楼大厦、高速公路、餐饮、环卫等各行各业，都活跃着打工者的身影。难道打工经济只是从农村单方面付出吗？显然不是的。打工经济对农村现代化也有着强大的推进作用，这主要表现在农民工回乡创业方面。近年来，回乡创业的打工者越来越多，引发了一股不小的回乡创业潮。

在内地开发热潮中，少不了那些回乡创业者推波助澜的作用。

早年他们随着打工大潮外出打工，十几年间完成了初期的资金积累，也历练出丰富的社会经验和较强的技术能力。随着各地区经济发展加快，在家乡政府优惠政策和新商机的吸引下，他们陆续带着信息、技术、资金、项目等返回家乡创业。他们在实现个人当“大老板”的创业梦的同时，也带动了城市和沿海发达地区劳动密集型产业向内地的转移，促进了农村富余劳动力在本地的就业。

当年的打工者，当年的穷光蛋，一跃成为农村经济的领军者、弄潮儿。当初他们没有选择地被打工浪潮裹挟着涌向可能挣到钱或挣钱多的地方，而如今，他们作为成功者又引领着打工的新流向，同时，在农民工回流潮中发挥了举足轻重的作用。

三、出国打工并不遥远

到外地打工赚钱，并不是我们今天才有的，人类自古就有迁徙流动“谋活路”的现象。翻开中国的历史，古代有羌人向青海一带的迁移，曹操驱使部队到西部的戍边屯田，明朝山西人向安徽等地迁徙的记录；近代有山东人一辈儿一辈儿地去闯关东，山西、陕北人成群结队地去走西口的历史。

从某种意义上来说，这些迁徙相当于是“出国打工”，目的只是为了让生活更美好和更幸福。我国真正意义上的出国打工是从20世纪80年代初开始的，它是从20世纪五六十年代向亚洲、非洲的一些发展中国家实施对外经济援助的基础上发展起来的。

“出国打工”是口头语，书面语称其为“对外劳务输出”、“出国劳务”、“劳务出口”等，它是指劳务提供者和劳务消费者根据合作契约开展的国际交易，具有创汇成本低的特点，它同商品贸易、吸引外资一样，都是我国对外经济贸易活动中的重要组成部分。

对外劳务输出对于我国这样一个有着几亿农村人口、劳动力资源非常丰富的农业大国来说，无疑是参与国际经济合作，缓解我国就业压力，支持我国经济建设的一个良好途径和手段。近些年来，随着全球经济一体化深度和广度的不断扩展，随着我国实施“走出去”战略以及2013年“一带一路”战略决策的提出，在世界自然人移动自由的背景下，我国对外劳务输出显得尤其必要。

第二节 我国对外劳务输出现状

近年来，农民工出国务工正成为风尚，他们在挣得大笔钞票的同时，也开阔了视野，增长了见识，掌握了现代技术，他们可称为新一代农民工。

一、全球劳务市场初探

国际劳动力的流动已有几百年的历史，最早可以追溯到中世纪末，而具有一定规模的输出则始于15世纪末哥伦布发现新大陆。从16世纪至18世纪，殖民主义国家贩卖黑人到美洲的奴隶贸易，是历史上大规模远距离劳动力转移的开始。

真正大规模的现代意义上的劳务输出与输入则是第二次世界大战以后发展起来的。二战之后，随着大量新兴国家的建立以及战后重建的需要，国际劳务输出得到了空前发展。经过半个多世纪的历程，到20世纪90年代，伴随当今经济全球化的发展和各国经济的增长，国际劳务市场的规模也在不断扩大，并出现了很多新的变化。

在跨国公司扩大投资和全球服务贸易快速增长的带动下，全球范围内的人员跨国流动更为频繁，对外籍劳务的需求不断增加，国际劳务市场规模正稳步扩大。而随着科技进步和全球产业结构的调整，信息、生物、环保、电信、旅游业等朝阳产业对国际劳动力的需求日益增加，国际医护人员、律师、教师、农技人员的需求和一些新兴工业国对脏、险、累的外来人员的需求也不断加大。

二、我国对外劳务输出情况

对外劳务输出是伴随着改革开放而兴起的一项事业。经过 30 多年的发展，我国对外劳务合作取得了良好绩效，成为我国对外经济合作和实施“走出去”战略的重要内容。随着这一战略步伐的加快，对外劳务合作在扩大服务出口、建设社会主义新农村和构建社会主义和谐社会中发挥着越来越重要的作用。

目前，我国对外劳务合作的范围已扩展至全球 180 多个国家和地区。其中，外派劳务人员人数较多的依次为：日本、新加坡、韩国、阿尔及利亚、俄罗斯、阿联酋、苏丹、约旦和毛里求斯。我国对外劳务合作的行业领域主要分布在制造业、建筑业、农林牧渔业、交通运输业和饮食服务业。其中，建筑、纺织、渔工类劳务人员占外派劳务总数的一半以上。此外，也有一些设计咨询管理、科教文卫体、计算机技术服务等高级技术领域的劳务人员。我国已成为国际建筑、纺织劳务和海员的重要来源地，行业领域不断拓宽。

据国内专家测算，目前我国外派劳务每年汇回和带回的外汇收入约120亿美元，社会效益明显。50多万名外派劳务人员的家庭经济状况得到改善，并带动身边的人一起创业发家致富。2015年，中国在外劳务人数占全国城镇就业人数比重已超过3%。

我国的劳务输出大致说来，包括以下两类：

(一)向国外派遣劳务人员

向国外派遣劳务人员即由我国派遣劳务人员到国外工作，其流动形式基本上有两种：一是移民。即具有劳动能力的人在国与国之间的迁移。二是临时性劳动力流动，即一国劳动力在国外从事短时期的工作，工作完成后即回国，这是发展最快，也是最重要的劳动力流动形式，临时性劳动力流动又有自发的和有组织的劳动力流动两种。目前，我国对外劳务输出基本上采取由国家有组织地派遣劳务人员出国工作的形式。

(二)向国外提供各种服务

这些服务包括：(1)技术服务。即向国外提供技术培训、技术指导。(2)国际咨询。即向国外客户提供咨询服务。(3)国际旅游。即接待外国游客在本国游览观光。(4)金融服务。即向国外提供银行保险等服务。(5)运输服务。即为国外客户提供海洋、航空等运输服务。

目前，我国劳务输出的方式主要有以下五种：

(1)通过对外承包工程带动的劳务输出。各种形式的承包工程需要承包公司派遣相关的项目管理、设计、施工、安装调试和技术培训人员为工程项目提供劳务。

(2)境内企业法人与国外雇主签订劳务合同派出劳务人员。

(3)在境外投资、兴办企业而派出管理人员、技术人员以及培训人员。

(4)通过成套设备和技术出口需本国劳务人员进行安装调试、技术指导、人员培训等而产生的劳务输出。

(5)民间劳务输出。即劳动者个人通过各种渠道自己联系出国谋职。

三、对外劳务输出存在的问题

尽管我国对外劳务合作取得了令人瞩目的成绩，但在国际劳务市场仅占1.8%的份额，与我国劳动力的潜力相比远远不相适应，这与其存在的问题和障碍有关。

1. 对外劳务法律尚未健全

目前我国的对外劳务合作尚未有国家立法，主要依靠商务部颁布的部门规定和条例管理，规章执行和处罚力度不够，难以有效地扼制违法经营活动。

2. 对外劳务合作的宏观管理体制不够完善

管理上仍未摆脱计划经济的烙印，与现代的市场经济和国际市场的发展趋势不相适应，如政出多门导致市场秩序混乱，经营制度已不适应国际市场要求，政府监管体系不健全，在维护市场经营秩序和外派劳务人员合法权益方面缺乏有效的手段，管理基本上还是以管制为主，缺少相应的促进和扶持政策等。

3. 一些部门和地方对发展对外劳务合作的重要性认识不足

没有将对外劳务合作作为解决就业问题的一条重要途径而采取多种方式促进和发展，在组织、规划和引导方面缺乏力度，没有相应的国家立法和财政支持措施，对外劳务合作的正面宣传和报道不够等。

4. 劳务市场经营秩序混乱

多头管理是导致市场经营秩序混乱的重要原因，除经商务部批准的正规公司外，许多部级、省级分支机构和挂靠企业未经批准也从事代招出国劳务业务，一些个体户也变相办理出国劳务，不规范和低价竞争扰乱了市场秩序，乱收费也难以根除。

5. 劳务人员出国手续复杂，办证周期过长

2002年，我国颁布执行了《办理劳务人员出国手续的办法》，结束了多年来持因公护照出国的做法，逐步与国际接轨，一定程度上简化了手续，但办理因私护照仍有很多问题：一是所需材料太多，二是周期太长，三是公安部门办护照不管签证，出国人员费用大、困难多。

6. 劳务合作信息不灵，渠道不多，信息服务体系不完善

我国劳务信息来源主要靠驻外使馆信息处、各公司驻外公司和机构、出访的临时团组和个人关系及部分新闻媒介等，信息途径较少，同时没有统一的信息处理网络，导致大量信息重复处理与信息浪费现象并存。

7. 政府的服务体系尚未完全建立

服务体系包括财政、金融、保险、外汇、中介组织和其他社会服务体系。如国家财政在对外劳务合作方面没有资金支持；劳务人员出国前的保证金贷款没有保障；尚未有专门对外派劳务人员服务的风险险种；出国劳务的外汇汇回没有强制性要求，且每笔外汇汇回时均要发生一些费用，相当多的劳务人员没有通过正常渠道将外汇收入汇回国内；对外工程承包商会作为唯一的中介组织，其作用有待进一步发挥；普通劳务从出国立项开始到最终出国涉及一个庞大的社会关联网络，花费当事人大量的时间、精力和经济成本。

四、加快我国对外劳务合作的措施

目前，大多数国家都非常重视对外劳务输出，将其视为解决就业问题的一条重要途径。对于我国来说，亦可以通过吸取他国的经验并结合我国的实际采取相应对策促进国际劳务合作。

（一）加强领导，建立健全对外劳务输出联动工作机制

对外劳务输出包括宣传发动、组织报名、培训考试、外派出国、服务跟踪维权、期满回国、返乡创业等一系列过程，它牵涉商务、教育、公安、劳动、外事、工商等多个政府部门，涉及人员广，是一项惠及民生的系统工程。为抓好这项系统工程，应成立专门的对外劳务输出工作领导小组，加强统一领导，建立定期协调会议制度，及时准确掌握出国劳务的动向，发现问题，及时解决。此外还应加强各成员单位的协调合作，形成联动工作机制，并建立对外劳务合作服务工作考核机制，把对外劳务合作服务工作作为“走出去”重点工作来抓，纳入各级党委、政府的重要议事日程，作为年终综合目标管理考核的内容之一。只有政府高度重视，各级政府及各部门通力合作，才能把对外劳务输出工作做好做大做强。

（二）全方位拓展劳务输出市场

应鼓励经营主体与境外相关机构开展合作，成立中外合资、合作公司，强化主体优势，借鉴其他劳务输出国的成功经验，探索对外劳务合作的新方式、新途径。通过各种途径加强宣传，在国内可通过报纸、杂志及其他各种媒体宣传外派劳务政策，在国外可通过使馆加强对外宣传。应利用外商来华投资、洽谈会、旅游观光的机会，与他们洽谈对外劳务合作；利用友好城市的关系，由政府出面，将劳务输出作为经济技术合作中的一项内容来谈；应发挥台联、台办、侨联、侨办、工商联等有关部门的作用。在劳务市场的选择方面，除了在亚洲继续开拓劳务市场外，还应有计划地开拓欧洲、北美、拉美等地区的劳务市场。

（三）重视外派劳务人员培训，努力打造出国劳务品牌

国际劳务市场的竞争实际上是劳务人员素质的竞争，根据国际劳务市场的需求，应有计划、多渠道、全方位地做好培训工作。对出国劳务人员的培训首先要抓好法律、法规、思想品德、外事纪律等内容的常规培训；其次要注重外语和专业技能培训，造就一大批适应能力强、符合国际劳务市场要求的各类劳务大军；最后应鼓励外派劳务基地建设和中外联合办学，培养高技能人才和高素质劳动者，提高外派劳务人员适应国际市场需求的水平和素质，逐步改善我国外派劳务人员的结构，提高我国外派劳务的竞争力。

（四）规范管理，积极抓好劳务平台自身建设

应切实完成“把好三道关口、做好四项服务、建立五类数据库”的目标。“把好三道关口”是指：一是把好出国劳务项目审核

关，对外派劳务经营公司及境外承包工程企业提供的各种项目订单要进行认真审核备案，确保项目万无一失；二是把好广告发布关，未经审核的外派劳务信息一律不许发布；三是把好人员招聘关，保证出国劳务人员的整体素质合格。“做好四项服务”是指：一是做好劳务输出前的培训服务；二是做好劳务输出中的管理服务；三是做好劳务输出后的跟踪维权协调服务；四是做好劳务人员出国前护照集中保管服务。“建立五类数据库”是指：一是建立报名人员数据库，储备劳务资源；二是建立项目数据库，储备信息资源；三是建立外出务工人员数据库，实行跟踪管理；四是建立出国务工及返乡创业致富的典型劳务人员数据库，以扩大影响；五是建立不良记录数据库，对有不良记录的经营公司和个人进行记录，把他们设置在黑名单内。

(五)加大投入，为劳务输出工作提供保障

为了切实抓好对外劳务输出工作，要切实加大资金投入，要积极调整财政支出结构，把出国劳务的宣传、培训、信息网络建设、奖励基金、出国劳务人员返乡就业资金扶持等纳入财政预算；同时各级政府要建立出国劳务援助基金、用于农民工及下岗职工的劳务输出、信息发布、管理费用、维权保障等就业专项经费，有效解决当前我国出国劳务人员的就业服务问题。

除在财政上支持外，还要在社会服务水平上予以支持，做好各项服务工作。如强化政府部门的行政管理服务意识，不断提高工作效率和水平；改革我国的出入境管理制度，通畅劳务流动渠道；重视外出劳务人员的社会服务保障工作管理，保护好他们的合法权益等。

针对当前出国劳务中各种坑害农民工的行为，公安机关要与工商、劳动、商务、教育、旅游等部门定期召开联席会议，组织开展打击非法出入境中介专项行动，清理、打击一批非法劳务中介和违法犯罪分子，通过加强协作配合，形成打击合力，为劳务输出铺平道路，收到事半功倍的效果。

第三节　《对外劳务合作管理条例》解读

我国开展对外劳务合作取得显著成绩，对于实施“走出去”战略，增加国民收入，促进就业发挥了积极作用。目前，我国对外劳务合作人员已经遍布世界180多个国家和地区，累计派出各类劳务人员600多万人。

但是，近年来对外劳务合作中也出现了一些问题，比如非法劳务、侵害劳务人员权益、境外群体事件等。为加强对出国劳务市场的清理整顿，规范管理出国劳务市场，从源头上遏制各类不法行为的发生，消除社会不安定因素，促进此项业务的健康快速发展，2012年6月4日中华人民共和国国务院正式颁布了《对外劳务合作管理条例》(以下简称《条例》)，这是我国首部对外劳务合作管理的专门法规。

《条例》分总则、从事对外劳务合作的企业与劳务人员、与对外劳务合作有关的合同、政府的服务和管理、法律责任、附则共6章53条，自2012年8月1日起施行。

一、政策内容

《对外劳务合作管理条例》的出台经过了反复的酝酿、论证，是从制度上解决各类问题，将有力地维护劳务人员合法权益；同时，对外劳务合作的宏观管理体制也将得到进一步完善，对外劳务合作企业“走出去”将有法可依，这对促进我国对外劳务合作的可持续发展具有十分重要的意义。《条例》的内容突出了以下几个特点：

首先，《条例》把维护劳务人员的权益作为重点和核心。新出台的《条例》专门用一章来规范对外劳务合作有关的合同等内容，对劳务经营企业经营行为的要求规定得非常详细具体，作为相对弱势的群体，劳务人员的安全和权益将会得到更大程度的保障。

其次，对对外劳务合作企业的经营是一种规范和促进。《条例》中对于对外劳务合作企业的责任和义务规定得具体翔实，这一方面可促进对外劳务合作企业规范自身行为，不断提高对劳务人员的服务水平和经营管理水平；另一方面，《条例》的规定也厘清了企业的责任边界，避免了责任无限扩大给企业带来的困扰和负担。

最后，《条例》还明确了国务院各部门、中央和地方各级政府部门在对外劳务管理和服务工作中的责任，构建了一个各部门齐抓共管、分工负责的工作框架。这有助于堵住政策衔接过程中的一些漏洞，保证一些劳务纠纷、群体事件的及时解决，也使劳务合作企业和劳务人员得到更多的公共服务。

二、政策解读

1. 为什么要制定对外劳务合作管理的专门法规

对外劳务合作，是指组织劳务人员出国为国外的企业或机构工作的经营性活动。近年来，我国开展对外劳务合作取得显著成绩，对于实施“走出去”战略，增加国民收入，促进就业，发挥了积极作用。与此同时，对外劳务合作领域也存在一些突出问题，特别是一些单位或个人非法组织劳务人员到境外打工，境外务工人员的权益受到侵害，境外劳务纠纷等群体性事件时有发生，不仅损害了劳务人员的合法权益，也损害了我国的国际形象。为从制度上解决对外劳务合作中存在的问题，维护劳务人员合法权益，促进对外劳务合作健康发展，因此出台了本《条例》。

2. 从事对外劳务合作经营活动需要具备什么条件？为惩治非法组织劳务人员到境外打工的行为，《条例》作了怎样的规定

对外劳务合作经营活动直接关系到劳务人员的切身利益，关系到国家对外形象。据此，《条例》针对从事对外劳务合作经营活动的特点，总结实践经验，对从事对外劳务合作经营活动应当具备的资质条件，包括应符合企业法人条件，实缴注册资本不得低于600万元人民币，有3名以上熟悉对外劳务合作业务的管理人员，有健全的内部管理制度和突发事件应急处置制度，法定代表人没有故意犯罪记录等作了明确规定，并对由省级或设区的市级政府商务主管部门依法按照条件审批的程序作了明确规定。

3. 条例对于对外劳务合作有关的合同作了比较具体的规定，这是基于什么考虑

对外劳务合作涉及对外劳务合作企业、劳务人员、国外雇主三方主体，他们相互之间的权利义务都需要通过相应的合同予以明确。依法规范对外劳务合作有关的合同，包括合同的订立、合同的必备条款以及保障劳务人员订立合同的知情权等，对于保障劳务人员权益十分重要。为此，《条例》专设一章，对规范对外劳务合作的有关合同作了较为具体的规定。首先是规范合同的订立，要求对外劳务合作企业必须与国外雇主订立书面劳务合作合同，并与劳务人员订立书面服务合同或者劳动合同，未订立合同的不得组织劳务人员赴国外工作；同时规定对外劳务合作企业应当负责协助劳务人员与国外雇主订立确定劳动关系的合同。其次是规范合同的必备条款，明确将工作内容、工作地点、工作时间、劳动条件、劳动报酬、社会保险费的缴纳、因国外雇主原因解除与劳务人员的合同时对劳务人员的经济补偿等与劳务人员权益保障密切相关的事项作为合同的必备事项。为确保合同载明上述必备条款，条例还确立了相应的监督机制。最后是保障劳务人员订立合同的知情权，规定对外劳务合作企业与劳务人员订立合同时，应当将与劳务人员权益保障相关的事项以及劳务人员要求了解的其他情况如实告知劳务人员，不得隐瞒有关信息或提供虚假信息。

4. 实践中，劳务人员在国外实际享有的权益与合同约定不符的情况时有发生，这种情况下对外劳务合作企业应承担什么责任

劳务人员在国外是为国外雇主工作的，出现劳务人员实际享有的权益与合同约定不符的情况，除了对外劳务合作企业隐瞒有关信息或者提供虚假信息等原因外，一般是由于国外雇主违约造成的。但是，对外劳务合作企业与劳务人员订立了服务合同，收取了服务费，从公平合理的角度出发，劳务人员在国外实际享有的权益与合同约定不符时，对外劳务合作企业应当承担相应的责任。这样规定有利于规范对外劳务合作企业的经营行为，强化其风险意识和责任意识，促使其谨慎选择国外雇主并采取其他风险防范措施，诚信经营，切实保障劳务人员的权益。

5. 条例对于对外劳务合作企业的责任和义务规定得比较多，对劳务人员的义务则规定得较少，这会不会导致双方权利义务的不平衡

制定本《条例》的主要目的，是保障劳务人员的合法权益。对外劳务合作企业是劳务人员赴国外工作的组织者，也是服务提供者，相对于劳务人员来说处于优势地位。对劳务人员合法权益的保障，在很大程度上需要通过规范对外劳务合作企业的行为、明确其相应的责任和义务来落实，这是《条例》的立法重点和核心内容。同时，《条例》也规定了劳务人员接受培训、遵守用工项目所在地法律、全面履行合同等义务。这样的制度安排不会导致对外劳务合作企业和劳务人员权利义务的不平衡，而恰恰是平衡双方权利义务所必需的。

6. 在保障劳务人员的合法权益，促进对外劳务合作健康发展方面，政府有哪些服务和管理职责

保障劳务人员的合法权益，促进对外劳务合作健康发展，除了需要规范对外劳务合作企业的行为，明确其相应的义务、责任外，还需要加强政府的服务和管理。《条例》专章规定了政府的相关服务和管理职责，主要包括：建立对外劳务合作信息收集、通报制度，为对外劳务合作企业和劳务人员无偿提供信息服务；建立对外劳务合作风险监测和评估机制，指导对外劳务合作企业做好安全风险防范；加强对劳务人员培训的指导和监督并给予必要的财政支持；组织建立对外劳务合作服务平台，为对外劳务合作企业和劳务人员无偿提供服务；建立对外劳务合作不良信用记录和公告制度；制定对外劳务合作突发事件应急预案，妥善处置对外劳务合作突发事件等。

第二章
出国劳务申请办理的流程、手续

出国劳务，亦称劳务出口，是指劳务出口国(输出国)向劳务进口国(输入国)提供劳动力或者服务，以谋取经济利益，获得外汇收入。劳务出口可以说是一种无形的劳务贸易。

出国劳务包括的内容比较广泛，主要有建筑工程、交通运输、专业技术、电脑电信、保险、银行、旅行游览、租赁、广告咨询等的管理与服务。

出国劳务人员没有统一的规定范围，只要劳务输入国需要，劳务输出国拥有的劳力和服务都可以包括在出国劳务的行列中。以我国为例，近年来输出的人员主要有：建筑工人、工程技术人员、海员、炊事人员、医务人员、文学工作者、农业种植、手工艺工作者、工艺美术人员、外贸工作者、翻译人员、教育工作者以及从事家务劳动的保姆等。

我国的劳务出口主要有三种组织形式：一是国家政府部门有

计划、有组织地根据与外国政府签订的协议安排劳务出口；二是有关公司、企业等根据与外国公司或企业签订的劳务合同派遣劳务出口；三是具备劳务出口条件的个人通过国外的亲友等联系的劳务出口。

近年来，海外劳务市场需要的劳务主要有：

(1)劳动密集型劳务，也就是以体力劳动为主的一般性劳动，如建筑工人、石油工人、矿山工人、农业工人、园林工人、清洁工人等以消耗体力为主的劳务。

(2)技术密集型劳务，也就是以技术技艺为主的劳动，如规划设计人员、设备安装人员、高级厨师、工程技术人员、园艺工艺人员等以自身技术为主的劳务。

(3)知识密集型劳务，也就是以专业知识为主的劳动，如专家教授、高级管理人员、高级研究人员等以消耗脑力为主的劳务。

目前世界上劳务输入国主要以发达国家居多，如美国、德国、法国、瑞士、加拿大、新加坡、韩国、日本、澳大利亚、新西兰等；也有一些发展中国家，如伊朗、伊拉克、巴西、阿根廷等。

世界上的劳务输出国以发展中国家居多，如亚洲的巴基斯坦、印度、菲律宾、中国等，非洲的埃及及拉美的墨西哥等每年都有几十万人在海外“打洋工”。

我国公民申办劳务出口一般通过以下途径：

(1)通过专门从事劳务出口的国内企业公司办理申请登记、培训和派遣。

(2)通过所在地或所在单位的劳动人事部门办理。

(3)通过个人在海外的亲友办理。

中国公民申请劳务出口必须具备以下条件：一是专业技术要适合海外需求，专业不对口、技术不熟练者最好不要出国打工；二是要有良好的道德修养，遵守目的地国的法律和劳动纪律；三是要有健康的身体，能够适应目的地国的气候条件和劳动环境；四是要有必要的语言能力，尤其是直接和外方打交道的外语水平，但一般集体从事劳务者可不必强调外语能力。

第一节　选择正规劳务外派公司

农民朋友们都知道，出门打工最怕三件事：一怕劳务信息不真实，二怕受公司欺骗，三怕工资无法兑现。同样，出国打工也存在这些问题，而且由于你跨出了国门，人生地不熟，语言又不通，碰到这些窝火事，那真是叫天天不应、叫地地不灵了，因此农民朋友们跨国打工，一定要选择正规的外派公司，确保务工信息的千真万确。

出国打工如何确保招聘信息及招聘公司的真实性呢？总体来说就是务工者要选择正规渠道，通过商务部批准的劳务外派公司办理出国打工手续，千万不要听信非法劳务中介的虚假宣传，以免上当受骗。

一、出国劳务信息收集

1. 出国劳务信息收集

如今是信息时代，出国劳务信息收集方法很多，您可直接从电视、广播、报纸、网络媒体处获得各种招收出国劳务人员的信息，也可以从具有国家主管部门批准经营资格的公司那里获得信息。具体来说出国务工信息渠道主要有：

(1)对外劳务合作服务平台(以下简称服务平台)。当前许多省均按国家要求建有对外劳务合作服务平台，劳务人员可通过服务平台获得出国务工招聘信息及外派企业信息。

(2)对外劳务合作企业和对外承包工程企业(以下统称外派企业)。一般来说，这些外派企业均是大型企业，在国外有大型承包工程，或直接在国外设厂，需要国内人员前去工作。这些企业实力强，管理规范，一般为国有大型企业，劳动者可放心大胆地去报名。劳务人员可以通过商务部网站(www.mofcom.gov.cn)"合作司"子站的"对外劳务合作企业名录"和"对外承包工程企业名录"及各省外派劳务服务网的"企业名录"，了解查询有关外派企业的情况。

(3)当地各类媒体。在尚未建立服务平台的地区，劳务人员可以从当地电视、广播、报纸、网络媒体等渠道获得相关信息。

(4)各种交流会。一些劳务输出大县(市)每年春节前后均由政府组织举办大型出国劳务招聘会，由于有政府信誉作保障，招聘信息一般真实可靠。

2. 出国务工条件

一般来说，选择出国务工，应具有以下基本条件：

(1)初中以上学历，18岁以上，男、女均可。

(2)有一定的专业特长(如熟悉机械加工、电子装配等)，能吃苦耐劳，服从管理，有团结互助的集体观念。

(3)遵纪守法，能申领护照，无犯罪记录，无不良出国动机。

(4)属自愿报名，但须经父母、爱人等亲属同意。

(5)身心健康，无传染病、精神病、慢性病等疾病，肝炎、艾滋病及肝功能化验呈阳性者，不能出国。

(6)报名时，一般应能提供以下材料(需真实、有效)：身份证、户口本、毕业证、2寸彩色相片、体检表、其他必要的材料。

二、选择正规劳务外派公司

1. 选择正规劳务外派公司

我国对跨国劳务输出管理较严，并规定由专门的商务部门负责对外派劳务的输出与管理，只有国家(部级机关)批准赋予合法对外签约外派权的正规公司，才能向国外派遣各类劳务人员(含赴日本的研修生)。这些公司向政府主管部门交纳备用金，接受主管部门的监督，业务操作规范，一般值得信赖。

因此，报名时，查看该单位有无经营资格证书/许可证，是保障自身合法权益的第一步。您首先要了解招聘人员的公司是否具有商务部批准的外派劳务经营资格，要求公司出示当年通过商务部年审的“对外劳务合作经营资格证书”或“对外承包工程经营资格证书”及公司的营业执照。

为避免上当受骗，您还可以通过以下几个途径了解判断：

(1)向当地政府商务部门的外经处了解(电话号码可以从当地114查得)；

(2)向中国对外承包工程商会外派劳务人员投诉机构了解(电话：010—84242447/84242557)；

(3)到商务部外派劳务资质查询网(http://wszw.hzs.

mofcom. gov. cn/fecp/zsmb/corp/corp_ml_index. jsp)查询，或到劳动和社会保障部(http://www. molss. gov. cn/gb/ggfw/jwjy. htm)等网站查询。这里具体介绍一下“对外劳务合作经营资格证书”的查询方法：首先登录中华人民共和国商务部官方网站(http://www. mofcom. gov. cn/)，其次在商务部网站首页左侧栏中依次点击“部机关子站”“内设机构”“合作司”，之后在“合作司”右侧栏中点击“在线查询”“企业名录”“对外劳务合作企业名录”，在该名单中即可查询到全国各省(市)外派劳务企业相关的注册信息。

另外，有些单位或企业是受劳务外派公司的委托招收出国劳务人员，您应了解清楚它们与劳务外派公司的情况。

近年来，一些非法中介利用部分急欲出国务工人员的无知或侥幸心理，虚构项目信息，刊登和散布虚假广告，给上当受骗人员及其家属带来极大的经济损失和精神伤害，严重干扰和破坏了我国对外劳务合作的正常经营秩序，对此您要保持高度警惕。

2. 注意相关国家和地区外派劳务风险

国外并非处处是黄金，有些国家和地区工作、生活条件十分艰苦，存在一定的风险，要及时关注政府部门的提醒信息。根据以往经验，日本、俄罗斯、蒙古等国家和非洲、西亚等地区外派劳务风险较高，而新加坡、澳大利亚、美国、加拿大以及西欧等国家和地区较安全。

3. 国外长年招聘的工种

一般来说，国外对劳务人员需求量大的产业大多以劳动密集型产业为主，要求劳务人员具备一定的工作技能。

建筑类岗位：

(1)工种：钢筋工、木工、瓦工、电焊工、架子工、混凝土工、水电安装工、涂料工、施工员、工程机械操作工等；

(2)外派国家：巴基斯坦、蒙古、新加坡、东帝汶、缅甸、老挝、越南、沙特、科威特、喀麦隆、委内瑞拉等；

(3)待遇及要求：48岁以下男性，学历不限，身体健康，无传染性疾病，有两年以上相关工作经验，年收入9~18万元。

农牧类岗位：

(1)工种：蔬菜种植、花卉种植、奶牛养殖、牡蛎加工等；

(2)外派国家：日本、柬埔寨等；

(3)待遇及要求：性别不限，40岁以下，初中以上学历，身体健康，无传染性疾病，无犯罪记录，年收入8万元以上。

制造类岗位：

(1)工种：缝纫工、电子装配工、钳工、车工、铣工、电镀工、包装工、数控设备操作工、油漆工、印刷工等；

(2)外派国家：新加坡、日本、卡塔尔、沙特、尼日利亚、爱沙尼亚等；

(3)待遇及要求：性别不限，48岁以下，身体健康，无传染性疾病，有工作经验者优先，年收入8~25万元。

服务类岗位：

(1)工种：游轮及宾馆服务员、幼师、护士、厨师、营业员、销售员、收银员、中医按摩师等；

(2)外派国家：新加坡、日本、卡塔尔、沙特、阿联酋、尼日利亚、德国、斯洛文尼亚、美国等；

(3)待遇及要求：初中以上学历，身体健康，有相关工作经验、有一定英语基础者优先，年收入8~30万元。

管理类岗位：

(1)工种：行政文员、翻译、各类技术工程师、农业技术员等；

(2)外派国家：新加坡、日本、柬埔寨、东帝汶、卡塔尔、沙特、尼日利亚等；

(3)待遇及要求：性别不限，45岁以下，大专及以上学历，身体健康，无传染性疾病，有相关工作经验者优先，年收入10万元以上。

海员培训招生：

(1)招生要求：应、往届高中毕业生，身高1.65米以上，年龄18~30周岁的男性青年，身体健康，无传染性疾病、色盲、色弱，符合远洋船员体检标准。

(2)培训目标：高级海员、普通海员、海员厨师、船医兼服务员，考试合格后，取得上船证，可航行于东南亚、中日韩、港澳等各航线。

(3)待遇条件：月收入7000元以上，其中高级海员1万元以上，提供养老、医疗、工伤等社会保险，签订五年以上劳动合同。

第二节　出国手续及办理

一、劳务人员出国相关手续及办理

办理出国劳务手续繁多，长者时间可达半年，具体来说以下手续需要你及劳务公司办理。

需要个人来办理的手续有：

(1)报名时，提供相关证件(身份证、户口本、毕业证、照片等)，体检，提交体检表，交纳面试保证金；

(2)录取后，申办护照、签证等，交纳费用，参加培训并考试，与公司签订外派劳务合同等。

由劳务公司来办理的手续有：

(1)审核证件、内部面试、家访，组织面试等；

(2)向国外提供材料、申请工作许可，办理护照签证；预定机船票；组织出国等；

(3)组织学习和适应性训练及培训；劳务纠纷等的协调处理等。

一些国家和地区还要求劳务人员在出发前提供防疫证明。有的国家还会要求劳务人员在入境前先办理好个人资料的公证。

办好了国内手续，还有国外手续要办。国外手续包括入境许可、工作准证等，一般由外国雇主负责。

办好了上述手续，你就可以出国工作了。因劳务外派公司或外方雇主原因不能派你出去，劳务外派公司要退还你的履约保证金和服务费。如你因个人原因或不可抗力而不能出国，则出国手续费不予退还。需要提醒的是，劳务人员在出国前，应要求外派企业为劳务人员办好在国外的合法工作准证。劳务人员以商务或旅游签证在境外工作是违反当地法律的行为，会被当地有关部门罚款、扣押和遣返。

二、报名前注意事项

出国务工要作好心理准备，有的地方工作条件十分艰苦，有些国家、地区则存在一定的安全风险，这些均需要务工者谨慎决定。

因此你在报名前，要向劳务外派公司认真了解项目情况，如要去工作的国家、外国雇主名称、将从事的工作内容、工作期限、有没有试用期、每月或每周工作天数、每天工作时间等。特别要仔细了解工资待遇，如月基本工资、超时和节假日加班费，以及工资和加班费发放方式等。一般情况下，工资以下列方式发放：一是外方雇主直接将工资支付给你或存入你的银行户头，二是通过劳务外派公司转交给你。

同时，你还应要求劳务外派公司出示“对外劳务合作经营资格证书”以及与雇主签订的合同。如你遇到的是受劳务外派公司委托的代理单位，你应要求其提供劳务外派公司的委托书和“对外劳务合作经营资格证书”复印件以及出示劳务外派公司与雇主签订的合同复印件，并备档留存。

三、参加必要的培训

在出国务工之前，劳务外派公司还将组织出国农民工进行培训，农民朋友千万莫以为这些培训可有可无。培训将帮助劳务人员进一步了解相关国家的情况，了解出国工作的基本权利和义务，帮助劳务人员更快适应国外的工作环境，并提高你的工作技能。

国家规定，外派企业应安排劳务人员接受赴国(境)外工作所需的职业技能、安全防范知识、疾病防疫、外语以及用工项目所在国家或地区相关法律、宗教信仰、风俗习惯等知识的培训。你只有参加培训并考试合格后，才能取得“外派劳务培训合格证”。

没有获得“外派劳务培训合格证”的人员将不能出国务工。

第三节　合同的签订

劳动合同是保证你合法权益的法律保障。你和劳务外派公司签订的合同叫做“外派劳务合同”，你和外国雇主签订的合同叫做“雇佣合同”，这两份合同的内容一定要和劳务外派公司与外国雇主签订的“对外劳务合作合同”的内容基本一致。要特别注意，不要同没有提供劳务外派公司的委托书复印件、劳务外派公司与外国雇主签订的合同复印件的代理单位签订“外派劳务合同”。

出国务工时，你要与劳务外派公司和外方雇主分别签订合同，签订合同时要认真审核合同内容。不要与不法中介或个人签订合同。合同是你与劳务外派公司、雇主之间构成民事法律关系的重要依据，所以一定要妥善保管好合同文本。

一、劳务合同的签订及注意事项

1. 劳务人员出国(境)务工应签订哪些合同

劳务人员在出国(境)打工前，要签好两份合同：(1)劳务人员和外派企业签订的合同——外派劳务合同。(2)劳务人员和外方雇主签订的合同——雇佣合同，这两份合同的内容一定要和外派企业与外国雇主签订的“对外劳务合作合同”的内容基本一致。

需要提醒的是，劳务人员不能持旅游、商务等签证出国务工。旅游签证是某国使馆在您护照上签发的准许您去该国旅游的入境签字证明，商务签证是某国使馆在您护照上签发的准许您去该国开展商务活动的入境签字证明。如果您持旅游或商务签证到某国务工，属于未经该国政府批准而在该国非法工作的违法行为，必然要受到该国相关法律法规的惩处。

2. 对外劳务合作的流程

对外劳务合作的具体步骤是：

第一步，对外劳务合作企业与外方雇主签订“对外劳务合作合同”；

第二步，对外劳务合作企业向中国驻外派劳务目的地国的大使馆或领事馆取得“对外劳务合作项目确认函”；

第三步，对外劳务合作企业通过对外劳务合作服务平台直接招收劳务人员，组织劳务人员体检并参加培训和考试；

第四步，对外劳务合作企业与劳务人员签订“外派劳务合同”等相关合同；

第五步，对外劳务合作企业向相关商务主管部门报备合同和劳务人员名单；

第六步，对外劳务合作企业协助劳务人员办理出境手续，协助劳务人员与外方雇主签订“雇佣合同”，办理境外工作许可手续，做好境外管理；

第七步，协助劳务人员完成合同后回国。

3. 劳务人员签订合同注意事项

在签署合同时要注意以下事项：

(1)劳务人员的工作内容、工作地点、工作时间和休息休假。

(2)合同期限。

(3)劳务人员的劳动报酬及其支付方式。

(4)劳务人员社会保险费的缴纳。

(5)劳务人员的劳动条件、劳动保护、职业培训和职业危害防护。

(6)劳务人员的福利待遇和生活条件。

(7)劳务人员在国(境)外居留、工作许可等手续的办理。

(8)劳务人员人身意外伤害保险的购买。

(9)因外方雇主原因解除合同对劳务人员的经济补偿。

(10)发生突发事件对劳务人员的协助、救助。

(11)违约责任。

二、劳务人员的权利和义务

1. 出国劳务人员的基本权利

出国劳务人员的基本权利有：

(1)享有对我国外派劳务有关法律政策、有关行业规范的知情权。

(2)自愿与外派企业签订有关合同的权利。

(3)自愿与外方雇主签订符合劳务输入国有关法律的“雇佣合同”的权利。

(4)了解有关合同条款的主要内容的权利。

(5)有权要求外派企业出示“对外劳务合作经营资格证书”或“对外承包工程经营资格证书”及营业执照。

(6)有权向商务主管部门和其他有关部门投诉外派企业违反合同约定或者其他企业、单位和个人侵害劳务人员合法权益的行为。

2. 出国劳务人员应尽的义务

(1)出国务工应参加体检、培训、考试，办理护照和提供健康检查证明书等相关证书。

(2)遵纪守法，诚实守信。劳务人员在国(境)外务工期间违反合同或违法犯罪，劳务人员须承担相应的责任。

(3)遵守用工项目所在国家和地区的法律，尊重当地的宗教信仰、风俗习惯和文化传统。不得进行色情、赌博活动。

(4)遵守合同合约，不擅自脱离工作岗位，合同到期后应按期回国。未经许可脱离原岗位，或合同到期后滞留不归等违反我国及所在国相关法律、违反有关合同合约的行为，劳务人员须承担相应的责任及后果。

(5)在国(境)外务工期间如遇到紧急情况，有权联系外派企业或中国驻当地使、领馆，服从使、领馆做出的紧急避险安排。

(6)及时、准确提供个人真实信息，承担隐瞒或提供虚假信息的法律责任。

三、“对外劳务合作合同”范本

对外劳务合作合同

甲方：

地址：

电话：

传真：

乙方：

地址：

电话：

传真：

甲、乙双方，就由甲方提供经乙方代表面试合格并录用的劳务人员赴__________履约一事，经协商签订合同如下：

一、事项

乙方拟通过甲方招募__________名中国员工，赴____________________公司从事__________工作。

二、工薪

乙方支付受雇员工的月底薪如下__________底薪从劳务人员抵达__________之日起计算。

三、乙方确保按以下条款履约

(一)合同期限

1. 合同期限为__________年，自劳务人员抵达__________之日算起。合同期满后，可依乙方和劳务人员双方意愿签订续约合同，续约合同应告知甲方。

2. 劳务人员抵达乙方履约后的试用期为________个月，如不能胜任工作，试用期将再延长________个月。________个月后仍不能胜任工作的劳务人员将被遣送回国，回程机票费用由劳务人员自理。

(二)合同的终止

1. 合同期未满因乙方或非劳务人员的原因需与劳务人员终止雇佣关系时，乙方应支付劳务人员_______个月的底薪金额的补偿金并免费提供返回中国的机票。

2. 合同期未满因劳务人员自身原因需与乙方终止雇佣关系时，劳务人员应提前________个月书面通知乙方，并根据未满合同期的实际时间按比例返还乙方因申请劳务人员前往乙方履约的开支(机票、工作准证的申请费用及更换费用)，返回中国的机票费用自理，按乙方安排的时间离境返回中国。

(三)工作时间、月薪金、年终奖金及支付形式

1. 劳务人员在乙方履约期间，每周工作________天，每天________小时。

2. 计件计薪的劳务人员在乙方履约期间，星期六工作及完成生产定额后超时工作为加班，加班薪金按：底薪/(4.33周×5天×9小时)×1.5×加班时间计算。

3. 月薪计薪的劳务人员在乙方履约期间，超时工作或在星期六工作发给加班津贴，加班津贴按：底薪/(4.33周×5天×9小时)×1×加班时间计算。

4. 计件计薪的劳务人员在乙方履约期间，星期日或公假日加班，加班薪金按：底薪/(4.33周×5天×9小时)×2×加班时间计算。

5. 月薪计薪的劳务人员在乙方履约期间，星期日或公假日工作发给加班津贴，加班津贴按：底薪/(4.33周×5天×9小时)×1.5×加班时间计算。

6. 劳务人员抵达乙方履约后的底薪工资由乙方在每月的________号之前按汇款当日中国官方美元外汇卖出最高牌价(此外汇牌价仅保留到小数点后两位)另加0.01后的汇率，兑换成人民币汇入劳务人员指定的个人中国账户并承担汇费。

7. 劳务人员抵达乙方履约后的加班薪金/加班津贴每月的________号之前结算，以__________当日牌价兑换成人民币汇入劳务人员在__________的银行户头。

8. 花红视乙方的经营状况以及劳务人员的实际表现由乙方决定有否及多少。

（四）食宿

1. 乙方免费为劳务人员提供不低于当地法定标准的住宿条件并配备相应的生活设施（如床具及生活用品），免费提供水、电。

2. 乙方免费提供劳务人员在厂期间基本膳食，确保卫生和合理的营养。

（五）公共假期和病假及医疗费用

1. 劳务人员在乙方履约满一年，可享有不包括公休假日在内的________天有薪假期，假期必须依乙方安排当年休完，否则将作废。

2. 劳务人员在乙方履约，可享有每年________天的有薪病假。

3. 乙方承担劳务人员履约期间在乙方指定的医院和医生处所发生的医疗费用，但不承担下列医疗费用：

a. 怀孕、分娩或小产；

b. 精神的诊治费；

c. 自我伤害或行为不检所造成疾病的医疗费；

d. 任何原因企图自杀，不法行为，自暴于危险下（救人或抢救乙方财产除外），招惹别人的攻击，滥用毒品，破坏治安之不法行为而导致的疾病与伤残的医疗费用；

e. 酗酒、斗殴造成伤害的医疗费用；

f. 牙科、美容；

g. 乙方隐瞒其抵达乙方受雇前已患的疾病，在履约期间病情加重或复发因此而产生的医疗费用。

(六)保险及签证、居留工作证费用

1. 乙方将为劳务人员提供伤、残、死亡保险及当地政府劳工法所规定的其他险种保险，并承担保费。

2. 劳务人员前往乙方履约的签证，以及劳务人员在乙方履约期间的必备证件等由乙方负责申办并承担费用。

(七)国际机票

1. 乙方负责提供劳务人员前往履约，及履约三年期满返回中国的国际机票并承担费用。

2. 若雇佣期未满，劳务人员提出辞职，或劳务人员因触犯本合同书第八款所列条款，遭乙方开除，按本合同第三条第(二)款第2点或第八款执行。

(八)开除的情形

劳务人员触犯下列任一条，乙方有权立即终止与劳务人员的雇佣关系并将劳务人员遣返中国。由此产生的遣返费用由劳务人员自行承担，同时乙方有权追加要求劳务人员偿还因申请劳务人员前往应聘而开支的国际机票和签证、工作证申请等费用。

1. 违反__________法律及法规；

2. 触犯厂规；

3. 未经乙方许可向其他雇主提供服务；

4. 因隐瞒的疾病而导致不适合继续工作；

5. 被雇主证明不适合所任工作，或不服从乙方的调动，经书面警告两次无效(如情况恶劣将不需要警告)；

6. 旷工达________小时，(累计迟到及早退达三次而未有合理之解释者，按旷工1日计)；

7. 消极怠工；

8. 参与当地政治活动、非法集会；

9. 参与非法信贷、赌博、吸毒、酗酒、斗殴；

10. 罢工。罢工的认定条件为：

(1)没有乙方的准假手续，连续________小时(含节假日加班)脱离工作岗位。

(2)十人或十人以上同时有意停工达________小时。

(九)劳务人员的责任

1. 遵守__________法律、法规以及乙方的规章制度；尊重当地的风俗习惯；

2. 服从乙方管理，忠于职守，维护乙方的声誉和利益，不得外泄乙方的商业信息，并无条件接受乙方在工作岗位上的调度；

3. 热心培训当地员工并在工作上做出称职的表现；

4. 爱护乙方的设施、财物，保持住所的清洁，不得将外人带入住所内过夜；

5. 未经乙方许可不得为乙方以外的雇主提供服务，或外出打工以及从事任何兼职；

6. 履约期间，不得同居、结婚，不得怀孕、生育；

7. 自付个人所得税。

(十) 乙方的责任

1. 应及时办理劳务人员在＿＿＿＿＿工作的合法手续。

2. 妥善保管劳务人员的护照，除厂方办理相关手续外不得把护照给他人。

3. 生产定额的制定，应以＿＿＿＿%员工能够完成为基准。

4. 尊重劳务人员的人格，不得打骂。

5. 不得要求劳务人员在危及生命安全的环境下工作。

四、关于开除和解聘条款的补充

乙方依照本合同相关条款，欲对劳务人员终止雇佣关系(含开除、辞退、解聘)，应提前＿＿＿＿天书面照会甲方，并提供充分的证明材料。

五、甲方的责任

1. 负责按乙方招工的要求招募符合条件的人员，安排考场供雇主代表面试。

2. 负责为经乙方代表面试合格并录取的劳务人员办理各类出国手续。

3. 负责劳务人员的出国前培训，解释劳务人员与雇主之间签订的劳务雇佣合同的各项条款，雇主方的厂规、厂纪和＿＿＿＿＿的法律、法规及风俗习惯。

4. 负责按雇主要求的行程安排劳务人员出境。

六、雇佣关系出现摩擦及纠纷的协调解决

乙方与劳务人员的雇佣关系出现摩擦及纠纷时，应通过中国对外承包工程商会对__________劳务合作业务协调小组协调解决。乙方应积极配合协调小组解决出现的问题和纠纷并充分尊重协调小组的处理意见，以便雇佣双方的问题和纠纷得以圆满解决。

七、协商及仲裁

本合同在执行中如有异议或遗漏，甲、乙双方应本着友好协商的精神予以协商解决。如甲、乙双方无法协商解决，可将争议提交中国国际贸易促进会仲裁委员会仲裁，该仲裁为最终仲裁，甲、乙双方都应服从。

八、合同的生效

本合同一式两份，用中文书写。甲、乙双方各执一份，具有同等法律效力。合同经甲、乙双方签字，并经中国驻__________大使馆经商处认证后生效。

甲方代表(签字)：　　　　乙方代表(签字)：

日　　期：　　　　　　　日　　期：

第四节　外派劳务收费标准及工资标准

一、出国前需要支付哪些费用

出国前，您自己需要负担并不再退还的费用有：

(1)服务费。服务费是外派企业为劳务人员出国(境)务工提供组织、服务和境外管理而收取的费用，但对外承包工程企业不得向劳务人员收取服务费。服务费不能超过劳务人员在国(境)外工作期间内得到的合同所有工资的12.5%。请注意，交纳各种费用一定要索取并保存好收据，以作为日后解决纠纷和处理问题的依据。

(2)体检费、培训费、护照费、签证费、合同公证费。办理出国(境)手续时，劳务人员应按国家规定标准向有关方面交纳体检费、培训费、护照费、签证费、合同公证费。这些费用需要劳务人员承担，并不再退还。一般情况下，劳务人员在办理出国(境)务工事宜期间所发生的国内差旅费也需要自己承担。

(3)往返机票费用。往返机票费用按合同规定执行。有的可能是外方雇主提供，有的可能需要自己承担，依据不同情况而定。

(4)一般情况下，劳务人员不必提供财产担保。

二、交纳履约保证金和服务费

在您和劳务外派公司签订"外派劳务合同"或其他形式的协议中，根据国家规定，还有要交纳履约保证金和服务费的一些条款。

履约保证金是您必须按"外派劳务合同"和"雇佣合同"的规定交纳的在国外工作的押金。履约保证金由您直接交给派您出国的劳务外派公司，劳务外派公司将给您一张收据。在您履行完劳务合同回国后，劳务外派公司凭您提交的收据将履约保证金的本息(按您在外劳务期间活期存款利息计算)如数返还给您。如您没按合同履行完义务，您无权要求退还履约保证金。

根据国家规定，履约保证金不能超过您在国外工作期间内得到的所有合同工资(不包括加班费，下同)的20%。

服务费是劳务外派公司和您所在单位为您出国劳务提供组织和管理服务所发生的费用。

一些劳务外派公司会要求你支付中介介绍费，这是明显的乱收费，因为根据规定，如发生中介费应该由劳务外派公司支付，你大可不必支付中介费。强行收取中介费的要么是黑公司，要么是乱收费，你可向上级相关部门举报。

三、部分国家、地区薪酬标准

出国后，外国雇主除支付您工资(工资不得低于我国外派劳务协调机调即中国对外承包工程商会规定的最低标准)和加班费外，一般情况下，还负担以下费用：伙食、住宿、煤气和水电费、上下班交通费、所得税、医疗保险和人身伤亡保险、出国和回国的机票、劳动保护用品以及雇主向当地政府交纳的保证金等。

中国对外承包工程商会是我国从事对外承包工程和劳务合作业务企业的全国性行业组织，根据我国政府有关政策和主要劳务输入国家的有关法律法规，对某些国家或某些行业，还制定了具体的最低合同工资标准及劳务外派公司服务费收取标准。你在与劳务外派公司签署合同前，可参照这些标准研读合同，以免以后发生争议。

需要注意的是这些最低合同工资标准并非一成不变，根据国别、地区劳务市场供需情况等变化而调整制定的最新标准，你可通过中国对外承包工程网站随时查阅。

据业内人士介绍，从目前国际劳务市场的需求情况来看，电子、机械操作工、模具工、印刷工、缝纫工、厨师、财会、计算机、文秘等专业和工种颇受欢迎，护士人员近来也比较热门。此外，各个国家的需求也不甚相同。比如在澳大利亚，医学类的工人特别好找工作；在法国则集中于餐饮、皮革、制衣、杂货、食品、珠宝等行业，特别是餐饮业，据说华人在此行业中创造的经济价值占整个法国所有行业华人创造的经济总量的50%以上。

从薪酬待遇方面来看，境外就业的收入要明显好于国内。决定境外就业人员待遇的因素一般是技术能力以及所就业的地区。通常美国、日本、韩国等经济较为发达的国家和地区待遇要稍好一些，而非洲、东南亚一些国家的待遇则要低一些。

以下的薪酬标准供读者参考：马来西亚缝纫工，月薪6000元至12000元人民币；南非针织工，月薪8500元至14000元人民币；新加坡邮政服务员，月薪15000元人民币；阿联酋汽车维修工，月薪2500美元；孟加拉国文秘，月薪1000美元至2500美元；日本服务员，底薪每月10万至15万日元，生活费每月5万日元，共计15万至20万日元；柬埔寨制衣工，月薪1000美元；韩国电子装配人员，月薪12000元人民币；美国护士，年薪6万至10万美元；美国果园农场工人，月薪5000美元；新加坡焊接工程师，月薪12000元人民币；尼日利亚财会人员，月薪800美元。

通常来说，出国务工人员其薪资是国内同等人员薪资的两倍到五倍。在国外正常月薪都在1万元以上，欧美等极少数国家月薪在2万元以上，日本3年30万元左右，新加坡建筑工2年20万元以上，韩国5年60万元左右，德国4年60万元左右，非洲两年20

万元左右，澳大利亚4年100万元左右。

由于涉及各个国家、各类工种、各个时段，因此要列出具体工资标准有一定的难度，出国务工者应该有一个心理标准，其一是每月能拿到手的月薪至少要达到8000元以上，其二是与自己在国内的工资进行比较，出国收入应该是自己国内收入的2.5倍以上。如果达不到这个标准，由于出国所交费用较大，以及要忍受相思之苦，那就不如在国内就业。

以下是2015年1月马来西亚委托我国某服务中心招聘建筑工的招工简章，大家可以对照看一下，以明白大致工资标准。

我中心受××公司委托，现招聘赴马来西亚吉隆坡建筑工人，具体待遇及要求如下：

一、工种

木工15人。

二、要求

男性，年龄30~45岁，有三年以上从业经验，身体健康，能吃苦耐劳。

三、待遇

1. 月薪4000元至5000元马币（约合人民币8000元至10000元），依据技术能力决定。

2. 住宿与交通费等由雇主承担，伙食费用自理，约200马币（约合人民币400元左右）。

3. 每日工作时间10小时，每月休息两到三天。

4. 员工在外期间的福利保险按照当地劳工法执行。

5. 雇主负担合同期满后的回国机票费用。

6. 合同期两年。

四、工资发放

1. 员工抵达吉隆坡后，雇主预借部分生活费用，之后按每45天结算一次工资。

2. 雇主在境外按实发工资额的30%以马币支付员工工资，余下的70%工资按工资发放当日中国银行牌价结算人民币汇至员工国内账户。

3. 员工出境前需提前办理中国银行卡。

……

××市对外劳务合作服务中心

附注：

出国打工月薪过万的8个地方，你想去吗？

出国打工月入数万？听起来很遥远，但在某些地方工作，月入数万很有可能实现。洗碗、搬砖甚至捡垃圾……你想去吗？

1. 去伦敦搬砖

“搬砖的”终于有出息了。英国伦敦有企业以1周1千英镑从葡萄牙招募泥瓦工。一个月差不多4万元，一年将近48万元。

2. 去新加坡洗碗

新加坡洗碗工又涨工资了。据称，目前月薪16000元人民币。这工资在国内许多地方，相当于一年的洗碗工资。

3. 去瑞士做销售员

瑞士人的平均收入在全球范围名列前茅，平均月工资5000多瑞士法郎，折合人民币3万多元。虽然在瑞士不同的工作，工资水平相差悬殊，但即使是售货员，每月也有3000瑞士法郎，折合人民币近2万元。

4. 去迪拜捡垃圾

在迪拜，街头乱扔豪车的现象屡见不鲜。法拉利、奔驰、奥迪应有尽有，不用怀疑，真的是被当成垃圾扔掉的。随便捡一个，你就成为百万富翁了。

5. 去美国陪胖子跑步

据称浙江有一位小伙，在美国靠陪跑一个月赚了8000元。虽然钱不多，但是既能锻炼又能赚钱。去胖人最多的地方开展陪跑事业吧，如果你一个月陪三个人，那就……

6. 去乌克兰打工

不少人去乌克兰打工，是因为那里娶老婆很容易。国内单身人士因为聘礼、房子、车子等问题，对婚娶问题感到“遥遥无期”。据称在乌克兰，娶老婆容易得多，姑娘都是美女，温柔贤惠不说，更重要的是，女方家要备大笔嫁妆。

7. 去南极做水电工

英国南极科考站以年薪2.8万英镑招聘水电工。另外水管工、木匠、厨师也在招聘。

8. 去东京地铁做推手

东京地铁推手已由兼职岗位转成全职岗位，只要负责在拥挤的车门口帮助乘客挤进车厢，并及时关好车门，保证车辆安全通行就成。工作轻松，但待遇优厚，每月超过1.5万元。

第五节 国外打工注意事项

遵纪守法、诚信守诺是中国人的传统美德，任何损害国家利益、民族形象的行为举止都将受到惩罚。作为中华人民共和国的公民，你在国外工作期间，国家会保护你的合法权益。但是，你如果在国外违法犯罪，或通过不正规途径出国务工，你的权益将无法得到保障。

一、劳务人员在国外工作期间注意事项

劳务人员在国外工作期间需要注意的事项如下：

(1)遵守当地的法律、法规，尊重当地的民族、宗教、风俗习惯，避免参加当地的劳工运动及其他的政治和宗教活动。

(2)遵守合同合约。不要擅自脱离工作岗位，合同到期后要按期回国。未经许可脱离原岗位到别的地方工作，或是合同到期后滞留不归，都是违反当地法律的行为，会被逮捕监押或遣送回国。

(3)遵守工作现场的安全防范规程。注意居住安全、外出安全、交通安全，妥善保管好自己的财物和护照、工作准证等身份证件。要牢记应急情况下通信联络方法，记住有关应急求救电话。

(4)遵守社会公共秩序。在公共场所不要大声喧哗、高声谈笑、随地吐痰、抛物扔垃圾；不要出入色情、赌博场所。

(5)尊重雇主和外籍员工，不要有国别和性别歧视，与周围人员和谐相处。

(6)注重个人形象，衣着整洁得体，注意个人卫生。

(7)出国务工如遇到紧急情况，要保持冷静，并尽快与劳务外派公司或我国驻所在国使、领馆联系，寻求援助，不要采取过激行为。

二、在国外工作期间怎样应对可能遇到的困难

在国外工作期间，难免会遇到一些问题或纠纷。如遇到雇主未按照合同提供生活设施、拖欠工资、扣发加班费、挨打受骂等情况，或发生伤亡、自然灾害、战争等紧急事件时，切记要始终保持理性和冷静，通过以下途径和办法寻求保护自己的权益。

你与雇主之间的矛盾，可依据你与雇主签订的“雇佣合同”，向劳务外派公司或公司在当地的代表反映，请他们依据劳务外派公司与雇主签订的“对外劳务合作合同”与雇主交涉，或参与共同协商解决问题。

你与劳务外派公司之间的纠纷，要依据双方签订的合同协商解决。如协商解决无效，可向中国对外承包工程商会外派劳务人员投诉中心书面反映，或回国后通过法律程序解决。

依据协议未能解决的重大问题，你可向我国驻外使、领馆反映，进行咨询或寻求帮助。

若发生自然灾害、战争等紧急事件时，劳务外派公司和我国驻外使、领馆会主动给您提供帮助，尽最大努力保证你的生命安全。你要积极配合有关方面的援助工作，服从他们的救援安排。

三、外派劳务纠纷处理

你在国外工作期间遇到纠纷时，切勿受他人挑唆蛊惑，采取过激行为，如罢工、游行、聚众围堵我使、领馆等。应通过合法途径、理性方式反映诉求解决问题。凡因触犯当地法律，或违反合同规定而导致的后果，本人必须承担相应的民事或刑事责任。

遇到劳务纠纷可通过以下途径寻求解决：

在国内，劳务人员可以通过书面形式向外派企业所在地的商务主管部门反映情况，也可通过电话或邮寄的方式向中国对外承包工程商会外派劳务人员投诉中心投诉。投诉电话：010—84242447或84242557，投诉地址：北京市东城区安定门外东后巷28号1414室，邮编：100710。

在国外，你可根据“雇佣合同”与外国雇主交涉，也可向劳务外派公司或其在境外的管理机构反映，紧急情况下，也可向我驻所在国使、领馆寻求援助，但必须采取合法、有序的方式，不得干扰使、领馆的正常工作秩序。

劳务人员如果是通过无合法经营资质的企业、单位或个人安排出国务工，发现上当受骗后，可以直接向相关企业、单位或个人所在地的工商或公安部门举报。

如果出国劳务人员与劳务外派公司既没有签订劳动合同，也没有按照正规手续办理出国打工手续，造成“打黑工”的现象。一旦出现纠纷，出国劳务人员将如何维权呢？

如果外派企业没有境外劳务派遣资质，而将国内的出国劳务人员派到国外务工发生的纠纷，如果没有签订劳动合同，出国劳务人员可以去外派企业注册地的劳动仲裁委员会申请仲裁，以存在事实劳动关系为由，要求赔偿。如果外派企业有境外劳务派遣资质，但是没有与出国劳务人员签订合同，也没有办理正规出国打工手续，发生劳务纠纷时，外派劳务人员可以与国内的外派企业进行协商要求协助向外方索要赔偿，或者要求外派企业赔偿。特别是像发生劳务工伤这样严重的事件，出国劳务人员的维权之路就显得很艰难。这时候当事人应就外派企业的违法行为向有关部门反映，比如向公安局、商务部、总工会等政府主管部门投诉和寻求帮助。公安局出入境管理局、商务部都是境外劳务外派公司的监督管理部门，一旦介入，可以对维权的成功起到很好的作用。而随着工会作用的逐步增强，工会的救助也是出国劳务人员维权的途径之一。

四、注意规避各种风险

出国务工者规避的风险包括以下四种风险：

(1)政治风险。指劳务人员务工所在国家和地区的政局变化、战争、武装冲突、恐怖袭击或绑架、社会动乱、民族宗教冲突、治安犯罪等。

(2)经济风险。指经济危机、金融市场动荡、主权债务危机、通货膨胀、利率汇率变动等宏观经济形势变化。

(3)政策风险。指劳务人员务工所在国家和地区宏观经济、外汇管制、税收、劳工等政策的调整。

(4)自然风险。指地震、海啸、火山、飓风、洪水、泥石流等自然灾害及重大流行性疾病等。

五、几个值得注意的问题

1. 劳务人员在国(境)外被羁押或监禁时，该怎么办

劳务人员有权要求面见中国驻当地使、领馆官员。使、领馆官员将根据要求前往探视，并保护劳务人员的合法权益。他们还可以帮助劳务人员与外方雇主、外派企业和亲友取得联系，提供当地律师名单。但是，使、领馆官员不能干涉当地法律程序，不能出面进行诉讼。

2. 劳务人员在国(境)外遇到交通、工伤事故，该怎么办

劳务人员应立即向当地警方报案或通知外方雇主，并通知所属外派企业或中国驻当地使、领馆。劳务人员可要求领事官员敦促当地政府部门惩办肇事者，或要求外派企业协助劳务人员通过法律途径或向投保的保险公司索取赔偿。

3. 劳务人员的护照在国(境)外遗失，该怎么办

劳务人员应立即在当地警察部门报案，以便劳务人员向当地移民局申请出境签证时备用。同时持本人有关身份材料及复印件和照片到就近的中国驻当地使、领馆申请补发护照，以供回国使用。买卖、转让、伪/变造、故意损坏中国护照是违法行为，涉案人将承担相关法律责任。

总之，在国外工作期间，你必须严格执行合同，遵守当地的法律法规，尊重当地人民的生活习惯。不要在为雇主工作的同时再为其他雇主打工，不要去赌博场所或者色情场所，更不要擅自脱离工作岗位。脱离原工作岗位到别的地方工作，在国外被称为“打黑工”或“自由工”，是违法的。

履约期满后你必须回国。如果你在国外工作期间雇主企业倒闭或者破产，合同终止执行，你必须回国。回国后你可以要求退还履约保证金和按比例退还管理费，你的其他损失可根据合同追讨。

第三章
出国准备

第一节 出国知识

一、护照及其种类

我们外出或去国内其他城市打工，都不会忘记带上身份证，身份证是一个人身份的标志，而且我们在住宿、乘车乃至去银行取钱时都少不了它，但是如果我们出国了，那用什么来证明我们的身份呢，这就涉及护照知识。

1. 护照

护照是一个国家的公民出入本国国境和到国外旅行或居留时，由本国发给的一种证明该公民国籍和身份的合法证件。护照一词在英文中是口岸通行证的意思，也就是说，护照是公民旅行通过各国国际口岸的一种通行证明。

我国的护照分为外交护照、公务护照和普通护照。普通护照又分因公普通护照和因私普通护照。符合中国普通公民申请的护照只有因私普通护照一种，所以，不管申请事由是旅游，还是劳务或商务考察等，申请下来的护照只有一种，那就是公民因私普通护照。各种申请事由的区别就是提交申请护照的材料是不一样的，如个人出国旅游的话个人不需要提交证明，团队旅游就需要提供旅行社的发票或证明文件，出国劳务就需要劳务合同、项目说明等文件。根据各种事由，公民提交相关资料后，申请下来的护照都是一样的，即只有因私普通护照，护照上也没有旅游护照、劳务护照或商务护照的区别或注明。

中华人民共和国护照

2. 我国护照的签发机关

我国护照的签发机关有以下几个部门：在国内，因公务出境的中国公民持用的护照由外交部或外交部授权的地方外事部门颁发；因私事出境的中国公民持用的护照由公安部或公安部授权的地方公安机关颁发；香港特别行政区护照由中央人民政府授权香港特别行政区政府依照法律签发，具体负责签发护照的机关是香港特别行政区入境事务处。

在国外，中华人民共和国的外交代表机关、领事机关以及外交部授权的其他驻外机关受理申请并颁发护照事宜。颁发护照机关根据法律规定有权拒绝发给护照，并对已经发出的护照，有权宣布吊销。

3. 护照填写注意事项

中国公民因私事出国应向户口所在地的市、县公安机关提出申请。特殊情形下，也可直接向省、自治区公安厅出入境管理部门申请。

因私出国办理护照填写申请表时应注意：

(1)申请表需用黑色或蓝黑墨水填写，字迹清楚、整洁，不准涂改。

(2)填写申请人姓名需使用国家标准简化汉字，与户口簿、居民身份证一致。

(3)“拼音姓名”，须按普通话拼写；“出生日期”需与户口簿、身份证一致；“出生地”填写省、直辖市即可；“婚姻状况”按实际情况填写。

(4)“户口所在地”是指申请人户口所在地的详细地址，需与户口簿记载一致。

(5)“政治面貌”可填“中共党员”或“共青团员”或“民主党派的

名称”或“群众”。

(6)“文化程度”按国家教育主管部门承认的最高学历填写。“职业、职务、职称”按申请人现状况和国家承认的“职称”填写。

(7)“工作单位”需填写全称。申请人人事档案与工作单位不一致的，填写现工作单位，在备注栏内注明档案存放地。退休人员人事档案存放在原单位的，应填写原单位。

(8)“属第几次申请因私出境”是指在公安机关申请出境的次数。未被批准的也合并计算，并在备注栏内说明未批准情况。

(9)“本人简历”应从初中填起，起止日期要准确、衔接完整。

(10)“国内外家庭主要成员”按实际情况填写。家庭成员在境外的，用中文填写境外单位、地址。

(11)前往国家按出境后第一个国家填写(不含过境国家)，事由只能选择一项。

4. 公民出国审批时限

根据公安部的有关规定，对公民的出国申请，公安机关出入境管理部门一般在15个工作日内做出批准或不批准的决定，并通知申请人。

公民出国治病或探望危重病人、出国奔丧、参加紧急商务、出国留学且开学时间临近、目的地国入境许可或签证有效期即将届满以及具有公安机关认为确需紧急的其他情形的，申请人可以申请加急服务。

5. 护照的失效

在我国，护照失效一般有以下情形：

(1)护照的有效期届满；

(2)持照人死亡；

(3)护照项目被涂改；

(4)护照被损坏；

(5)护照因遗失等原因被宣布作废或吊销；

(6)护照签证页用完，持照人已申请换发新护照的；

(7)按照《中华人民共和国国籍法》的规定，持照人已丧失中国国籍，原护照失效。

6. 护照的吊销及作废

有下列情形之一的，其护照和出入境证件应予吊销或宣布作废：

(1)持证人因非法进入前往国或非法居留被送回国内的；

(2)公民持护照、证件招摇撞骗的；

(3)从事危害国家安全、荣誉和利益的活动的。

7. 护照的变更

护照颁发后，持照人因情况发生变化，需变更证件记载项目的，可以向护照颁发机关提出变更申请，并提供相应的证明材料，由发照机关办理变更手续。

8. 护照的换发

出现以下情形可以向公安机关申请换发护照：

(1)护照已延期两次，即将期满不能再延期的；

(2)护照签证页用完的；

(3)护照被损坏不能继续使用的，自受理之日起3个月内，公安机关予以换发；

(4)护照被涂改，已接受有关部门的处罚，处罚执行完毕3个月后，可以申请换发；

(5)其他经原发照机关或上级主管部门认可的特殊情形。

不慎将护照遗失或者被偷窃，必须提交有关证明和办理护照补发手续。具体程序是：

如果护照在出境前失窃：在失窃地公安机关开具失窃证明；在北京市公安局出入境管理处备案；凭备案证明到《首都公安报》登报声明作废；持失窃证明、作废声明、户口簿、身份证原件和相关复印件，到北京市公安局出入境管理处申请补发。

护照持有人在国外定居、工作或者学习期间，短期回国时不慎将护照遗失或者被偷窃，在申请补发时需提交在国外定居、工作或者学习的证明。

如果护照在境外失窃：向所在国的有关部门报失和声明作废；在我国驻外使、领馆备案和申请办理回国使用的《中华人民共和国旅行证》等证件；回国后，持我国驻外使、领馆签发的《中华人民共和国旅行证》等证件、户口簿、身份证原件和相关复印件，到北京市公安局出入境管理处申请补发护照。

二、出国签证及其种类

签证是指一个国家主管机关在本国或外国公民所持有的护照上签注、盖印，表示准其出入本国国境。持有有效护照的我国公民，不论因公或因私出国，除了前往同我国签订有互免签证协议的国家外，事先均需获得前往国家的签证。签证一般盖在护照上，和护照同时使用。未建交国通常将签证盖在另纸上，称为另纸签证，与护照同时使用。

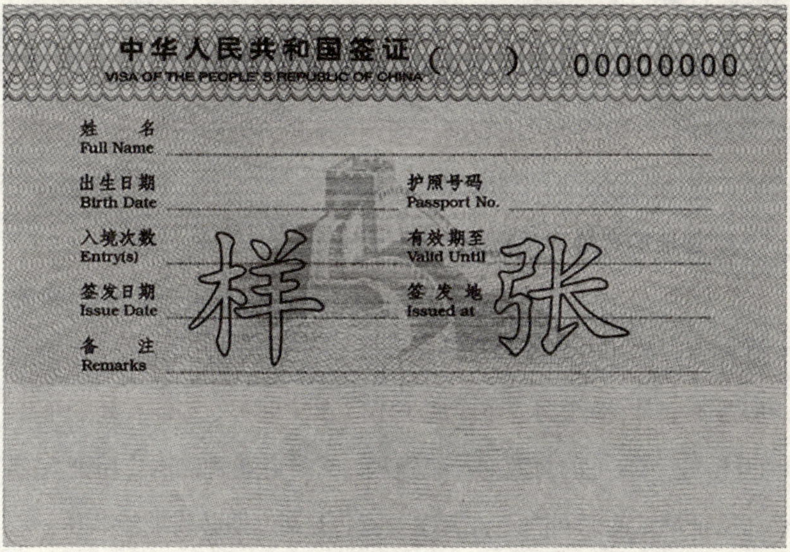

签证样张

1. 签证的种类

根据签证的性质可分为：外交签证、公务签证和普通签证三种。即持有外交护照的发给外交签证；持有公务护照的发给公务签证；持有普通护照的发给普通签证。

根据出入境情况分为：出境签证、入境签证、出入境签证以及入出境签证。出境签证：只许持证人出境，如需入境，须再办入境签证。入境签证：只准许持证人入境，如需出境，须再申办出境签证。出入境签证：持证人可以出境，也可以再入境。入出境签证：持证人在签证有效期内可允许自由入出境。

根据出入境事由分为：移民签证、非移民签证、留学签证、旅游签证、工作签证、商务签证和家属签证等。

根据时间长短分为长期签证和短期签证。长期签证的概念是在前往国停留3个月以上。申请长期签证不论其访问目的如何，一般需要较长的申请时间。在前往国停留3个月以内的签证称为短期签证，申请短期签证所需时间相对较短。

2. 签证的有效期及有效次数

各国颁发护照和签证的机关，对不同的签证，规定了不同的有效期限。签证的有效期不得超过护照的有效期。签证的有效期一般为1个月、3个月、半年或1年以上，也有的签证有效期不足1个月。过境签证的有效期一般较短，大多在1周以内。持证人必须在签证规定的期间内入、出或过境。签证过期必须重新申办。

签证除了有一定的有效期限外，还规定了有效次数。有的签证一次有效，即这个签证使用一次后就失效；有的签证两次有效，有的签证多次有效。

3. 申请签证所需资料

向外国驻华使、领馆申办签证时，必须备齐一切必要的证件、资料、表格、照片和签证费用等。这些证件、资料包括：①提供有效的护照；②提供国外邀请函电；③提供申请人的照片（照片应与护照一致）；④填写外国签证申请表格；⑤因公务出国，由省、市、自治区外事办或中央部委外事局备妥致前往国家驻华使、领馆的照会或函件；⑥准备好签证费。

各国驻华使馆对申请签证所持邀请电函的要求不尽相同，但大体有以下几点：

（1）邀请函电必须是前往国本土发来的，有邀请人亲笔签署的信函原件。邀请信上要注明邀请人的地址、电话。

(2)邀请函电上必须注明人数、成员姓名、访问目的(访问目的要详细，不能只说考察培训等，要写明具体内容)、停留期限(停留期限是写某年、某月、某日到达，到达后停留多长时间；或写从某年、某月、某日入境到某年、某月、某日出境)、出访费用由何方负担。如系外方负担全部费用，应予写明；如系外方负担部分费用，则应写明负担哪一部分费用。

(3)邀请信函不得作任何改动，即使是邀请人本人对其内容进行修改也应重新发出邀请函，不得涂改后复印，否则会引起外国使、领馆的误解，甚至会影响到签证人单位的信誉。

有些国家对入国签证有特殊要求，如赴日本的团、组或人员需提供日方入国理由书、保证书、访问日程表等。

外国使、领馆对送交申请签证的护照有以下要求：

(1)护照必须有效。送交外国驻华使、领馆的护照有效期必须在6个月以上，如有效期不足6个月，外国驻华使、领馆将不予办理。

(2)持照人必须在护照上签名。

4. 申请签证时应注意的问题

(1)去外国驻华使、领馆面试，一定要做到仪表端庄，衣着整齐、干净，头发清洗干净，胡须刮净修好，面试前不要吃有怪味的食品。

(2)言谈举止要彬彬有礼，自始至终都要十分注意礼节礼貌。

(3)面试时切勿精神紧张，听不懂外文，可请求再说一遍，自己回答问题表达不清楚的，可请示允许再说一遍，切忌不懂装懂，回答问题时牛头不对马嘴。

(4)面试时应用充分的理由说明去前往国的目的。

(5)一定要说明务工期满你将按时回国。

三、出入境须知

国与国之间出入境均要对当事人进行相关检查，这既是一国的主权象征，也是保证国家安全的需要。

1. 边防检查的定义和职责

为了保卫国家的主权和安全，世界各国都在对外开放的国际机场、港口、国境车站或通道以及特许的出入境口设立边防检查机构进行检查。其对象和内容是对进出国境的人员实施护照证件检查，并对出入国境的交通工具及其运载的物资实施检查，依法处理违法人员。

2. 我国出境检查程序

根据我国出入境法律规定，公民须在指定的口岸出入境并向边防检查人员交验护照和出境登记卡。如因私出国，现行的习惯做法是，在到达出境口岸前，已事先在当地的公安局出入境管理处取得了该卡，经边防检查人员核验，如无不符合要求的情况，他们会将护照填写后发还给出境者本人，当事人即可出境。

中、外国旅客入境时，需将填写好的入、出境登记卡连同护照、证件、签证，一并交给边防检查站检查。

外国人出境时需向边防检查站交验其有效护照、证件和出境登记卡，并在有效入境签证上规定期限内出境。

中国人出境需向边防检查站交验有效的护照证件、前往国签证、出境登记卡及有关部门签发的出国证明，另准备指定医院已进行了接种的证明。

3. 海关的定义和职权

海关是主权国家设在对外口岸上对进出该国的商品、货物、运输工具等执行监督管理并征收关税的机构，各种人员携带物品出入境，都应向海关自行申报并接受检查，任何隐瞒申报、违禁或逃避海关检查的行为，都将遭到没收充公的处罚或法律刑事责任的追究。为简化海关出入境手续，我国已开辟了国际通行的红绿通道海关制度。

4. 公民出境携带行李物品免税数量和限值

在限量和限值的范围内，公民出境允许携带下列物品：

(1) 食品、衣料、衣着和价值人民币 50 元以下的其他生活用品。

(2) 酒 2 瓶，烟 600 支。

(3) 治疗常备用药，总值不得超过人民币 200 元。麝香、蟾酥不准带出，对当归、枸杞、黄芪、肉桂、桂皮 5 种药材，如超出规定的免税量时，要征收出口税，人参、鹿茸限各 200 克。

(4) 手表、收音机、自行车、电风扇各 1 件。

(5) 电视机、收录音机、照相机、电冰箱、洗衣机等各 1 件。

5. 限制出境物品

(1) 金银等贵重金属及其制品；

(2)外币及其他有价证券；

(3)无线电收发报机和通信保密机；

(4)贵重中药材及其成药；

(5)一般文物；

(6)海关限量管理的其他用品。

6. 文物、书画出境查验手续

出国公民，包括入境的华侨、港澳同胞等旅客，如携带在文物商店或友谊商店购买的，或个人所有的文物，一律要事先经文物管理部门鉴定，出境时间持发票和许可证明向海关主动申报。在国内集市或私人手中购买的文物，一律不准携带出境。如将旧文物携带出境，应向设在北京、上海、天津、广州四口岸之一的文化行政管理部门申请鉴定并向海关申报，否则将按走私行为论处。如携带著名已故画家的书画作品出境，按文物出口管理限定范围确定是否放行。一般现代书画出境，海关按合理数量查验放行，不准出口的，予以退还。

7. 外汇、贵金属物品检查手续

出国公民所持有的人民币、支票、汇票等和国外的债券、股票、房契以及待处理国外遗产、房地产和其他外汇资产的有关的各种证书、契约和授权书、委托信等，未经国家外汇管理局批准，不准携带、托带或邮寄出境。如携带黄金、白银、白金等贵重金属及其制品，海关在国家规定限额内查验放行。如超过限量部分，退回国内亲友或补税，否则不准携带出境。

8. 公民入境免税物品限值数量

入境者携带物品的验收标准实行低、中、高档三类，并按不同标准分别验放的制度。低档的生活学习用品限合理数量免税放行，中高档的生活学习用品，任选其中 1 件或 5 件免税放行。

9. 禁止入境物品

(1)各种武器弹药和爆炸物品；

(2)各种伪造货币和伪造的有价证券；

(3)对中国政治、经济、文化、道德有害的任何物品；

(4)各种烈性毒药；

(5)鸦片、吗啡、海洛因、大麻以及其他能够使人成瘾的麻醉药品或精神药物等；

(6)带有危险性病菌、虫害及其他生物的动物，植物及其产品；

(7)有碍人畜健康的和来自疫区的以及其他能传播疾病的食品、药品或其他物品。

第二节　出 国 准 备

出国务工，时间长则三五载，短则半年，手续繁多不说，需要准备的东西就更多了。这里既有心理准备、技能准备，也有物品准备，本节主要讲相关物品准备。

1. 订购机票

(1)购票：出国人员为保证如期飞行，最好到航空公司售票处当面购票，如你拟乘坐的航班座位已满，又不可能改变时间，你可申请列为候补。购票最好提前两天购买，当然现在是信息时代，航空公司一般都推出电子机票，为确保购买无误，你最好请懂行者验证或委托他们代为购买。购票后不能改期或改变航班，否则按退票处理，如因故退票要收50%的退票费。

(2)国际航线的免费行李额规定

国际航线免费行李额分为计重免费行李额和计件免费行李额两种。

计重免费行李额：按照旅客所付的票价座位等级，每一全票或半票旅客免费行李额为：头等舱40公斤(88磅)，公务舱30公斤(66磅)，经济舱(包括旅游折扣)20公斤(44磅)，婴儿无免费行李额。

计件免费行李额：按照旅客所付的票价座位等级，每一全票或半票旅客的免费行李额为两件，每件长、宽、高之和不得超过158厘米，每件重量不得超过32公斤。但持有经济舱(包括旅游折扣)客票的旅客，其两件行李长、宽、高的总和不得超过273厘米，婴儿无免费行李额。

2. 准备行装

(1)要了解所去地方的气候和当地穿着习惯，制作和准备适合当地情况的行装。

(2)行李箱包上要用醒目标签写明(用外文)所去目的地的详细地址和自己的姓名。

(3)置放行装时，应将旅途中不用的物品放在箱包底层，而将可能要用的物品放在上层。化妆品、液体之类的物品应放在塑料瓶内。应将护照、签证等重要文件、贵重饰物放在随身携带的手提包、箱中，不要放在行李箱包中。

3. 出国安全须知

农民工出国前，应对意外事故的危险性有充分的认识，同时派出单位也应建立相应的后援应急机制。

就个人而言，应该采取的防范措施有：

（1）对前往目的地国的深入了解；

（2）妥善保管自己的贵重物品；

（3）对自己在异国他乡的言行举止应十分谨慎小心；

（4）熟悉目的地国的相关法律；

（5）随时注意保护自己的身心健康；

（6）充分收集前往地的各种信息资料；

（7）如有可能，应在行前接受海外工作或学习的各种语言、生活训练；

（8）到达目的地后应尽快与劳务外派公司或有关部门取得联系。

4. 购买相关保险

目前，中国已成为全球的外派劳务输出大国，国人足迹遍布上百个国家和地区，但近年来外出农民工在海外遭到抢劫、袭击等恶性事件屡见不鲜，因此提前购置保险必不可少。

保险业人士建议，为了减轻意外事故的损失和意外造成的医疗费用负担，务工人员最好投保较高金额的意外险和医疗险。目前针对出国务工人员的意外险产品，大多可提供较为全面的保障，且保障及保额相差不大，但是保费却相对便宜。

目前，由雇主方购买的保险比较常见的是雇主责任险和人身意外伤害险，也有一些用人单位为外派员工购买境外紧急救援意外伤害保险。在这些保险产品中，能为雇佣单位转嫁风险的雇主责任险的投保量较大。

到陌生的国家工作，面临的风险比国内大，出于对自己和家庭负责的态度，购买一份在境外生效的人身意外伤害险很有必要。建议在外派前可以要求雇主为自己购买人身意外伤害险。另外提醒已在国内购买过此险的人，一些保险公司的人身意外伤害险明确规定境内有效，所以出国之前应该问清楚该保险到了国外是否仍在责任范围之内。

此外，如果需要购买新的保险，还要根据所到的国家，对保险产品做详细的咨询。比如，一些正在发生暴乱和内战的国家，保险公司很有可能不保或者提高保费。

据了解，目前市场上有不少保险公司推出了专门针对出国务工的保险产品，除了传统的人身意外伤害险，还有境外医疗、紧急搜救、第三者责任等。

经济情况一般的出国劳务工可以选择为自己购买一份比较便宜的境外人身意外伤害险。境外人身意外伤害险的保费相对境内人身意外伤害险稍贵一些，并且针对所去国家、从事职业的不同，有不同的费率，一般一年期在几百元到上千元不等。以平安保险的境外工作险为例，去阿富汗，相同年龄、一年期保额为 20 万元，保障范围包括意外残疾、身故和交通工具意外，IT 业维护工程师保费为 1075 元，而从事建筑工程的泥瓦匠保费则需要 1792 元。

经济情况较好的人士，可以考虑在人身意外伤害险的残疾、身故保障基础上，再加上包括紧急就医及医疗费用、医疗转运、牙科门诊费用、安排亲属探病、紧急搜救、辅助设备费用等在内的紧急医疗救援保障，不过保费会相应提高。以40周岁人士到阿富汗从事泥瓦匠为例，在人身意外伤害险保障20万元的基础上，加50万元紧急医疗救援保障，保费就从之前的1075元提高到了6577元。专业人士建议，如果本身身体条件较好，所去国家又有强制的社保，就不必多花钱购买紧急医疗救援保障。据出国劳务中介机构介绍，为降低出国劳务风险，购买商业保险一直被作为一个重要保障方式。平安保险公司专家也表示："出国劳务的人身意外伤害险保险费用通常不高，在平安官网上投保还能有一定的折扣优惠，定期投保的用户，通常几百元就可以获得几十万元保额的保障，不会造成经济负担。"

同时，不管是外派到国外的普通劳务工还是高级白领、技术人员，一定要跟派遣单位签订规范的劳动合同，对将去的国家社保情况、派遣单位提供的保险福利有明确的约定。

外派企业和出国劳务人员应当与保险公司签订对外劳务保险合同，企业还应按照所在国政府的规定，要求境外用工单位投保以出国劳务人员或者其指定人员为受益人的境外医疗、人身意外伤害保险并支付保险费，如果境外用工单位不能办理，则由招工企业办理。这样，如果出国劳务人员在境外因犯罪事件、恐怖袭击、战争甚至绑架等造成意外伤害，可以得到赔偿。

出国务工者可团体投保"绑架险"，除了通过企业层面来投保，个人也可以自行投保一些绑架勒索险，但需要有一定的财务证明，因为投保额度和保费都不低。

5. 出国前特别提醒

(1)登录外交部网站和中国领事服务网，查询中国各驻外使、领馆的联系方式以及相关旅行提醒、警告等海外安全信息。若目的地国与我国无外交关系，则可了解其周边国家的中国使、领馆的地址与电话，以便就近求助。

(2)检查护照有效期(剩余有效期一般应在一年以上)，以免因护照有效期不足影响申请签证，或在国外期间因护照过期影响行程。

(3)办妥目的地国签证。确保自己已取得目的地国的入境签证和经停国家的过境签证，签证种类与出国目的相符，签证的有效期和停留期与出行计划一致。但需要注意的是，根据国际惯例，即使你已取得一国签证，该国也有权拒绝你入境而无需说明理由。

(4)核对机(车、船)票。仔细核对票面上所显示的登机(车、船)时间、地点以及联程票的前后衔接是否正确。

(5)了解你的旅行目的地国。尽可能收集目的地国的风土人情、气候情况、治安状况、艾滋病、流行病疫情、法律法规等信息，并采取相应预防措施。

(6)购买必要的人身安全和医疗等方面保险。你将要面对国外陌生的环境，存在一定的安全隐患，而国外医药等费用普遍较高，因此建议你选择合适的险种，以防万一。同时，个人购买保险的有关情况也要及时告知家人。

(7)进行必要的预防接种，并随身携带接种证明(俗称“黄皮书”)，以备进入目的地国边境时检查。

(8)有条件的话，最好做一次全面体检。

(9)严禁携带毒品、国际禁运物品、受保护动植物制品，及目的地国禁止携带的其他物品等出入境。

(10)慎重选择携带个人药品。许多国家对药品入境有严格规定，为减少不必要的麻烦，出国前应了解有关国家的海关规定，在允许的范围内选择所携药品的品种和数量。

(11)如因治疗自身疾病必须携带某些药品时，应请医生开具处方，并备齐药品的外文说明书和购药发票。

(12)注意目的地国海关在食品、动植物制品、外汇等方面的入境限制。如携带大额现金，必须按规定向海关申报。切勿为陌生人携带行李或物品。

(13)与家人和朋友保持联系。出国前应给家人或朋友留下一份出行计划日程，约定好联络方式。建议你在护照上详细写明家人或朋友的地址、电话号码，以备紧急情况下有关部门能及时与他们取得联系。护照、签证、身份证应复印，一份留在家中，一份随身携带，还要准备几张护照相片，以备不时之需。

(14)尊重当地风俗习惯，遵守当地法律规定，注意交通安全(在实行靠左行驶的国家应尤其注意)。

(15)严格按照签证或居留许可上允许的时间在有关国家停留。

6. 出国如何带钱

出外打工，多带点钱是必要的。这里为你介绍五种出国带钱的方式：

(1)带现钞较方便。适量现钞的好处是方便，商场和个人都能接受。但需防备假钞，比如美国，由于假美钞的存在，很多美国人对收现钞心存疑虑，这会给在美国花现钞的人带来麻烦。其他国家也有类似问题，这就有了一些相应的限制，比如新加坡，钞票有一点损坏就不能再用了。

(2)带信用卡较安全。在我国，使用信用卡的人越来越多。中国银行、中国工商银行、中国建设银行等，都发行了可供中国人在国外使用的信用卡。选择带哪种卡出国，关键要看发卡行在国外是否有足够的分行，分行多可以使持卡人取起钱来少跑路。(根据规定，出境时可携带5000美元以内的现金不需要申报。除携带现金外，你要携带一张信用卡以备不时之需。)

(3)旅行支票较方便。旅行支票在旅馆、银行、商场都能用。对旅行支票，你不用担心有假，因为发行旅行支票的大都是国际性金融公司或银行，信誉一般不受怀疑。它的面额从10元到1000元乃至1万元都有。旅行支票比较安全，买的时候得签字留底，花出去时当面再签个字，二者必须相符才能兑现。在美国使用旅行支票，手续费比较高，买支票时要交1%的手续费，兑付时，银行还得收1%的费用。另外，旅行支票办理较简便，中国银行各分支机构均可办理，无需任何证明，只是要收取一定的手续费。

(4)银行汇票手续费较低。银行汇票一般由办理国际业务的外汇银行开立。比如在中国银行使用时，必须通过银行办理兑付。银行汇票不能直接消费，如果拿着它直接到酒店住宿或者到餐厅吃饭，人家可能会把你轰出来。

(5)银联卡好处多。目前中国银联卡已经顺利开通了100多个国家和地区的受理业务，其中包括中国港澳地区、东南亚的新马泰、日韩以及欧洲一些国家。携带银联卡出国正变得越来越方便。使用银联卡支付的好处是可以直接用人民币兑换当地货币，而无需“转道”美元进行双向兑换，这样可适当减少外汇兑换手续费，为持卡人省钱。另外，万一你想在国外取现，也是用银联卡比较方便，因为手续费要比其他国际卡少很多。

7. 出国必须知道的十大外汇常识

在国外生活中，很多资金都是自己管理与支配的，农民工在国外生活期间需要用到钱的地方有很多，所以了解一些外汇常识是必要的。

- 旅行支票

务工人员为避免遗失、出境等麻烦，可以在换汇后向中国银行购买旅行支票，但手续费相对较高。

- 信用卡

务工人员可以向外资银行、信用卡机构申请信用卡，如America Express，Visa等，但由于我国居民收入较低，在审批时手续相对严格。但由于其实用性，对于务工人员来说，能申请一张最好，以免去携带现金所带来的麻烦。北京、上海、广州、深圳等大城市都有类似机构。

- 我国银行的银行卡、信用卡

我国各银行都有自己的银行卡和信用卡，大多在世界各国都可以提款，但提款人承担的手续费用较为高昂。

• 我国的外汇制度是什么

我国是外汇严格管制国家，除外贸、外资企业业务需要外，居民是不可以随意用人民币兑换其他外汇的。因务工、留学、旅游、探亲等出国，需外汇时可以向当地人民银行申请。

• 务工时去哪里换外汇

劳务人员可以向当地外汇管理局申请，然后凭外汇管理局的批文，到当地中国银行用人民币兑换外币。

• 具体手续是什么

首先，携带护照、务工证明、身份证等证明材料到当地外汇管理局申请批汇，然后，凭外汇管理局批汇证明到当地中国银行个人业务部办理换汇。

• 外汇兑换限额是多少

一般来说，中国银行各地中心支行(大城市)一年内每名务工人员外汇最高批汇额为9999美元，高于此限额要报上一层管理机构批准。

• 如果我已经有外汇，但又不是我所需的国家货币，怎么办

居民可以随意用自己手中的外汇(可自由兑换货币，如美元、日元、马克、港币等)在中国银行兑换其他国外币。不用经中国人民银行批准。

• 关于携外汇出境

我国规定，一般居民不可以携带多于5000美元现金出境。否则，出境时被查出将会引起很多麻烦。

• 关于汇款出境

务工人员如果在国外有账户，可以在国内将外汇汇入账户，但需报当地人民银行批准，获得汇出证明方可。这样，务工人员就可以省去携带现金出境的一切麻烦，但需要向汇出行支付一定的手续费用。

8. 出国必备物品清单

到了国外后，人生地不熟，一旦有什么东西忘了带，那就麻烦大了，既不可能再返回来取，也不方便让国内亲人补寄，加之国外物价水平高，如果在当地购买那就得作好破财的准备，所以在出国前仔细检查一下出行必备物就显得尤其重要了。

以下物品在上飞机前要准备好：

(1)机票。

(2)护照。

(3)务工证。

(4)护照照片(两寸、一寸多印几张，出国后会用得着)。

(5)最完整的通信录，另建议将电子版放到自己的邮箱中。

(6)钱：如果手头有钱，就尽量带足5000美元，身上既有整钱(购物)，也有零钱(打电话)。

(7)药：消化不良类：藿香正气丸、丽珠肠乐、泻痢停；过敏类：息斯敏、扑尔敏；流感类：银翘片、康泰克、牛黄解毒片、西瓜霜润喉片；镇痛消炎类：芬必得等；外伤烫伤类：云南白药、创可贴、正红花油；皮肤类：皮炎平、达克宁霜；痔疮类(男士必备)：荣昌肛泰。

(8)箱包：箱子质量要好，不能一踩就破，能够多用几年。

(9)生活用品：包括针线盒、剪刀、指甲剪、梳子，毛巾、牙刷、折叠伞、记事本、小闹钟、拖鞋、理发工具等，牙刷和毛巾多带一些；计算器；电动剃须刀，在国外买一个还说得过去的电动剃须刀要50美金以上，刀片不用多带；小礼品：准备送给国外老板以及帮过忙的朋友，用不着特别名贵，但是要多备几份。

(10)文具：自动铅笔、圆珠笔、格尺、三角板、橡皮、书包等。

(11)地图。

第四章
国外生活及礼仪

第一节　出国生活

随着飞机的轰鸣声，几个小时或几十个小时后，你将登上异国土地，与蓝眼睛或黑皮肤的外国人在一起，为生活及梦想打拼。大部分农民兄弟从未出过国门，面对异国风情，是否内心有过一丝不安，是否担心无法适应这里的生活及工作。

毕竟是到一个远隔千里的新国度工作，这些担心不无道理，在国外除尽职做好本职工作，让雇主满意，能够获得报酬外，农民兄弟还应尽早熟悉当地环境，融入当地生活，与外国人交朋友。一些国家枪支泛滥，治安不好，一些国家还有排华、反华倾向，农民兄弟要确保自身人身安全。

一、融入当地生活

1. 常备证件出门

在国外劳动期间，要养成随身携带身份证件的习惯。遇意外情况时，明确的身份证件是你获得及时、有效救助的基本条件之一，也是事后办理索赔、救济等善后手续的基本要求。

在境外的身份证件包括护照、旅行证、当地的居留证、工作许可证、社会保险卡等。许多情况下，国内的居民身份证也可帮助中国驻外使、领馆确定当事人的身份。

如果在国外务工停留时间长，且当地没有规定外国人必须随身携带护照备查，为避免丢失，建议将护照资料页复印，复印件背后写上紧急情况联系人的姓名、地址、电话，将此页塑封做成“个人信息卡”，一份本人长期随身携带，一份留在国内直系亲属处以备不时之需。

打工期间如遭遇特殊审查时，如不懂当地语言，切忌随意点头应允或在文件上签字。可立即要求提供翻译或由雇主派人代行翻译。如被要求在文件上签字，应请对方提供中文版本，阅读无误后再作决定。

在国外务工期间要与家人和朋友保持联系，及时向家人更新自己在外务工日程、联络方式。在外旅行、居留期间，可选择电话、电邮、短信等多种方式保持与家人和朋友的经常性联系。

2. 出行注意安全

一些国家治安不好，尤其是近年来中国公民常成为一些飞车党及黑社会敲诈勒索的对象，因此农民朋友在国外出行时一定要注意安全。

(1)管好财物。不露富，不炫富，如乘坐公共交通工具，应事先准备好零钱；不随身携带大额现金、贵重物品，也不在住处存放；最好在白天人多处使用自动取款机，取款时最好有朋友在身边；因商业往来等原因接收大额现金后，建议立即存入银行；丢失银行卡，应立即报警并打电话到发卡银行进行口头挂失，之后再办理有关挂失的书面手续。

(2)牢记特征。出行如发现可疑情况，要留心周围环境的特征，如地点、地形、车辆、陌生人的行为及衣着等可辨认的细节，以利于意外情况发生后帮助警察抓到罪犯。

(3)严防飞车。上街行走应走人行道，避免靠机动车道太近；携物(背包、提包等)行走，物品要置于身体远离机动车道的一侧；在摩托车盛行的国家或地区，应严防飞车抢劫，遭遇飞车抢劫不要生拉硬夺，避免伤害自己。

(4)遵规守则。过马路要走人行横道、过街天桥或地下通道；走人行横道时，遵守交通规则，确保安全时迅速通过；在实行左侧通行的国家(如英国、澳大利亚、日本等)要注意调整行走习惯，确保安全；不要边看地图边过马路。

(5)减少夜行。远离偏僻街巷及黑暗地下通道，夜间行走尤其要选择明亮道路；尽量避免深夜独行，尤要避免长期有规律的夜间独行。

(6)慎选场所。不去名声不好的酒吧、俱乐部、卡拉 OK 厅、台球厅、网吧等娱乐场所。

(7)慎对生人。不搭陌生人便车，不亲自为陌生人带路，也不被陌生人带路，不与不熟悉的人结伴同行；回避大街上主动为你服务的陌生人，不饮用陌生人向你提供的食物、饮料。

(8)配合警察。遇到当地警察拦截检查时，应立即停下，双手放在警察可以看到的地方，切忌试图逃跑或双手乱动。请警察出示证件明确其身份后，配合检查和询问。

(9)妥防勒索。如遭遇警察借检查之机敲诈勒索，应默记其证件号、警徽号、警车号等信息，并尽量明确证人，事后及时向当地政府主管部门和中国驻当地使、领馆反映。

(10)结伴出行。最好结伴外出游玩、购物，赴外地、外出游泳、夜间行走、海中钓鱼、戏水时尤其要注意结伴而行。

(11)与众同坐。乘坐公共交通工具时，尽量和众人或保安坐在一起，或坐在靠近司机的地方。不要独自坐在空旷车厢，也尽量不要坐在车后门人少的位置。尽量避免在偏僻的汽车站下车或候车。

(12)入乡随俗。穿衣着装要充分尊重当地风俗。在西亚某些国家，女士严禁着装暴露，不宜穿过露、过紧、过透的衣服。

3. 居住安全

(1)合法租房。了解当地房屋租售管理机关名称、职能，租房应通过合法房屋中介进行租赁，尽量选择在治安、环境条件较好的住宅区寻租，并签订完备的租住合同。

(2)慎选合租。不与陌生人合租。与友人合租时应注意保护个人隐私，保管好个人证件，防止银行卡遗失、密码泄露。

(3)严防陷阱。租房过程中注意留存相关广告、收据、合同等文件证据。警惕低价出租广告，不因贪图廉价、方便而落入不法房主圈套。当遭遇租房陷阱、被骗或被盗时，应及时向当地房屋租售管理部门投诉、向警方报案或采取进一步的法律行动。

(4)熟悉警局。了解所在区域警署位置、主管警官姓名、报警电话或紧急求助电话，将有关信息在笔记本上一一对应记录备用，包括：警局(署)位置、报警电话、警官姓名、警官电话等。

(5)屋内安全。房内不要存放大额现金，即使房间必须存放保险箱和贵重物品，也不要放置在客厅或门厅，以防不法分子从门口窥视到。应根据当地社会治安状况，选择安装相应的防盗、报警设施，保证居住安全。独自在家应保持门窗关闭(上锁)。在楼房底层居住应尽量选择空调纳凉，养成就寝时确认水、电、燃气、门、窗关闭(上锁)的良好习惯。

(6)屋外安全。夜间返家应尽量乘电梯不走楼梯。应在到家之前提前准备好钥匙，不要在门口寻找。开门前注意是否有人跟踪或藏匿在住处附近死角。若发现可疑现象，切勿进屋，应立刻通知警方。夜间送朋友回家时应等朋友平安进入后再离开。

(7)慎邀入户。打工期间结识的不太熟悉的朋友，不要轻易带回家。不为陌生人开门，不让送报员、送奶工等服务人员进门。预约修理工上门服务时，应选择在有工友陪伴或告知邻居后进行，不与外来人员谈论个人或家庭情况。

(8)及时求救。遇陌生人在门口纠缠并坚持要进入室内时，可在拒其进入的同时打电话报警，或者到阳台、窗口高声呼喊，向邻居、行人求援。

(9)居家防火。防止易燃气体泄漏引起火灾。使用煤气等可燃气体，室内应具备通风条件。发现漏气现象，切忌使用明火寻找漏源，也不要开灯、打电话，应迅速关闭阀门，打开门窗通风。防止用电不慎引发火灾，要经常检查家用电器线路、插座，线路老化、受损、插座接触不良均可导致线路发热引发火灾。不超负荷用电，不用其他导线代替保险丝。不在房间储存大量易燃液体。烤火取暖避免使用汽油、煤油、酒精等易燃物引火。火炉及电暖器周围不堆放可燃物，不在蒸汽管道、取暖器材周围烘烤衣物。

(10)安全出口。进入建筑物时先观察安全出口(紧急通道)位置，尤其是到达住地或下榻酒店时，应首先确认消防设施和安全出口位置，确认紧急通道畅通，以便紧急情况下自救和逃生。

4. 医疗安全

(1)购买保险。了解当地医疗制度、费用情况，结合自身身体情况制订适宜的医疗计划，选择购买适合的医疗保险。同时了解附近药店、医院的具体位置，熟记当地的急救电话，并将医院地址、急救电话信息一一对应记录在笔记本上。国外疫情多发，应时时关注当地报纸、电视等新闻媒体，了解有无疫情爆发的可能。

(2)饮食卫生。打工期间工作量大，胃口好，要注意饮食卫生，照顾好自己的身体，不吃不新鲜的食物和变质食物，不吃陌生人交给的食物，不吃捡拾得来的食物，不采摘食用蘑菇和其他不认识的食物。注意食品保质期和保质方法。加工菜豆、豆浆等豆类食品时须充分加热。不吃发芽、发霉的土豆和花生。保持饮用水和厨房用水清洁干净，否则，应把水煮沸或进行消毒处理后再饮用。发生食物中毒，应立即停止食用可疑食品，赴医院寻求专业救治，或在专业人员指导下，采取饮水、催吐、导泻等方法进行自救。平日加强身体锻炼，提高免疫力，按规定接种疫苗。

5. 突发事件应对

(1)应对袭击(偷盗、抢劫、行凶、人身侵害)。在公共场所遭遇袭击，要大声呼救，喝阻坏人，为己壮胆，伺机摆脱。在偏僻地方遭遇袭击，切记保命为重，避免为保全身外之物而遭受人身伤害。要尽量记住不法分子、相关交通工具及周围环境的特征，尽快报案。报案既是为自己，也是为他人，避免因不愿报案，在当地形成中国人胆小、好欺负的印象。还要向中国驻当地使、领馆反映情况，便于使、领馆及时向当地政府提出交涉。

遭遇炸弹爆炸时，应迅速背朝爆炸冲击波传来方向卧倒，如在室内可就近躲避在结实的桌椅下。爆炸瞬间屏住呼吸、张口，避免爆炸所产生的强大冲击波击穿耳膜。寻找、观察安全出口，挑选人流少的安全出口，迅速有序撤离现场。

遭遇匪徒枪击扫射时，应快速降低身体姿势，利用墙体、立柱、桌椅等掩蔽物迅速向安全出口撤离。来不及撤离时应迅速趴下、蹲下或隐蔽于掩蔽物后，迅速报警，等待救援。

遭遇有毒气体袭击时，尽可能利用环境设施和随身携带的手帕、毛巾、衣物等遮掩口鼻，避免或减少毒气侵害。尽可能戴上手套，穿上雨衣、雨鞋等，或用床单、衣物遮住裸露的皮肤。尽快寻找安全出口，迅速有序地撤离污染源或污染区域，尽量逆风撤离。及时报警，请求救助，并进行必要的自救互助，采取催吐、洗胃等方法，加快毒物的排出。

遭遇生物恐怖袭击时，应迅速利用手帕、毛巾等捂住口鼻，最好能及时戴上防毒面罩，避免或减少病原体的侵袭和吸入。尽快寻找安全出口，迅速撤离污染源或污染区域。

(2)应对火灾。熟记所在国火警电话，遭遇火灾时应迅速报警求救。同时积极开展自救，在烟火中逃生时要尽量放低身体，最好是沿着墙角匍匐前进，并用湿毛巾等捂住口鼻。必须经过火场逃离时，应披上浸湿的衣服或毛毯、棉被等，迅速脱离火场。

从三楼以下楼房逃生时，可以将绳子或床单、窗帘拴紧在门窗和阳台上，顺势滑下。或者利用结实的竹竿、室外牢固的排水管等逃生。若逃生路线被封锁，应立即返回未着火的室内，用布条塞紧门缝，并向门上泼水降温。同时向窗外抛扔沙发垫、枕头等软物或其他小物件发出求救信号，夜间可通过手电发出求救信号。

公共聚集场所发生火灾时，应听从指挥，就近向安全出口方向分流疏散撤离，千万不要惊慌拥挤造成踩踏伤亡。在人群中前行时，要和人群保持一致，不要超过他人，也不要逆行。若被推倒在地，首先应保持俯卧姿势，两手抱紧后脑，两肘支撑地面，胸部不要贴地，以防止被踏伤，条件允许时迅速起身逃离。

高层建筑发生火灾时，应用湿棉被等物作掩护快速向楼下有序撤离。应选择烟气不浓，大火未烧及的楼梯、应急疏散通道逃离火场。必要时结绳自救，或者巧用地形，利用建筑物上附设排水管、毗邻阳台、临近的楼梯等逃生。在无路可逃的情况下，到室外阳台、楼顶平台等待救援。不能乘电梯逃生。

汽车发生火灾时，应迅速逃离车身。如车上线路烧坏，车门无法开启，可砸碎车窗下车逃生。如车门已开启但被火焰封住，同时车窗因人多不易下去，可用衣服蒙住头部从车门处冲出去。

地铁发生火灾时，应利用手机、车厢内紧急按钮报警，并利用车厢内干粉灭火器进行扑救。无法进行自救时，应听从指挥，有序地安全逃生。不要大喊大叫、惊慌失措，也不能从行驶中的列车车窗跳下。

(3)应对洪水。务工期间碰到发洪水，应提早撤离，登高躲避，来不及撤离时应就近攀爬树木、高墙、屋顶(不要爬到泥坯房屋顶)，不要惊慌失措，不要游泳逃生，不要接近或攀爬电线杆、高压线铁塔。

携带可长期保存的食品、足够的饮用水和其他生活必需品。

必要时用可漂浮物自救。如被洪水卷走，要尽可能抓住固定或漂浮物品。

如情况允许，应将移动电话充足电并使用塑料袋密封包裹，以保证电话的正常使用。

身着醒目的衣服便于搜救人员识别、寻找。选择衣服时，要注意衣服颜色与附近房屋屋顶颜色、植物颜色相区别。

(4)应对地震。地震发生时应沉着冷静，不要惊慌。如果在室内，应迅速关掉电源、气源，迅速蹲下，并寻找掩护物并抓牢——利用写字台、桌子或者长凳下的空间，或者身子紧贴内部承重墙作为掩护，双手抓牢固定物体。如果附近没有写字台或桌子，用双臂护住头部、脸部，蹲伏在房间的角落。远离玻璃制品、建筑物外墙、门窗以及其他可能坠落、倒塌的物体，例如灯具和大衣柜等。在晃动停止并确认户外安全后，方可离开房间。不要站在窗户边或阳台上，不要跳楼或破窗而出。切勿使用电梯逃生。

如果在室外，要远离建筑区、大树、大型广告牌、立交桥、街灯和电线电缆，之后待在原地不动。

如果在开动的汽车上，在确保安全的情况下，尽快靠边停车，留在车内。不要把车停在建筑物下、大树旁、立交桥或者电线电缆下。不要试图穿越已经损坏的桥梁。地震停止后小心前进，注意道路和桥梁的损坏情况。

如果被困在废墟下，要坚定意志，就地取材加固周围的支撑点。不要向周围移动，避免扬起灰尘。用手帕或布遮住口部，敲击管道或墙壁以便救援人员发现。可能的话，请使用哨子，在其他方式都不奏效的情况下再选择呼喊——因为喊叫可能使人吸入大量有害灰尘并消耗体能。

(5)应对台风、飓风。台风(飓风)到达前，要随时通过电台、电视了解台风(飓风)移动情况及政府公告，确保门窗牢固，熟悉安全逃离的路径和当地的避难所，准备不易变质的食品及罐装水、自救药品和一定现金，保证家用交通工具可正常使用，并加足燃料，随时听从政府公告撤至安全区域。

台风(飓风)来临时，应紧闭门窗，关闭室内电源，尽量避免使用电话、手机。远离门窗和房屋的外围墙壁，躲到走廊、空间小的内屋、壁橱中，或者地下室或半地下室，不要外出。

如在室外，请不要在大树下、临时建筑物内、铁塔或广告牌下避风避雨。不要在山顶和高地停留，要避开孤立高耸的物体。

如在水上，应立即上岸。

如在汽车上，立即离开汽车，到安全住所内躲避。

如在公共场所，要服从指挥，有秩序地向指定地点疏散。

未收到台风(飓风)离开的报告前，即使出现短暂的平息仍须保持警戒。

台风(飓风)过后，应注意检查煤气、水、电路的安全性，不使用未被确认为安全的自来水，不要在室内使用蜡烛等有火焰的燃具。室外行走遇到路障、被洪水淹没的道路或不坚固的桥梁时，应绕行，静止的水域很可能因为电缆或电线损坏而具有导电性，触及前应小心。

6. 特殊地理环境、气候应对

(1)应对热带雨林气候。提前做好疾病疫苗注射，准备驱湿防暑药品，多喝些淡盐水，吃些清淡食品，保持身体健康，提高免疫力。

防病。准备必要的药品，如蛇药片、预防疟疾药品、肠胃药、白药、酒精、碘酒、药棉、纱布绷带等。携带充足的饮用水，如需取用自然水源，请务必加热煮沸。

防蛇咬。用木棍拨打草丛，将蛇惊走。一旦不小心被毒蛇咬伤，不要惊慌，要及时寻求专业医疗救治，并在此前迅速自救。应先把伤口上方(靠心脏一方)用绳或布带缚紧，再用力挤压伤口周围的皮肤组织，将有毒素的血液挤出，然后可用清水、唾液洗涤伤口，同时可服下解蛇毒药片，并用药片涂抹伤口。

避雷击。如果在雨林中遇到雷雨，可到附近稠密的灌木带躲避，不要躲在高大的树下。避雨时应把金属物暂存放到附近一个容易找到的地方，不要带在身上。

防蚊。不穿短衣裤，应扎紧裤腿和袖口。当夜幕降临时，最好支起帐篷或蚊帐睡觉，以防蚊虫叮咬。

防水蛭。在鞋面上涂肥皂、防蚊油可防止水蛭上爬，大蒜汁也可驱避水蛭。如被水蛭叮咬，勿用力硬拉，可拍打使其脱落。也可用肥皂液、浓盐水，或用火烤使其自然脱落。

(2)应对寒冷气候。防雪盲：备墨镜，太阳镜。防干：备润肤露和润唇膏。防冻：风雪天外出应戴上手套、防寒帽、耳朵套。保持脚部的温暖干燥，袜子湿了要及时更换，风大时应停止户外活动。经常按摩揉搓冻伤部位以促进血液循环。在高海拔地区，可补充吸氧，促进血液循环。

(3)应对高原环境。患有严重心肺疾病者应避免前往高原地区。保持良好心态，消除恐惧心理，避免过度紧张。限制体力消耗，避免剧烈运动，保持良好食欲及体重平衡。保证充足睡眠，不要暴饮暴食，不要酗酒，刚到达高原地区几天内不要洗澡。在专业人员指导下服用抗高原反应药物，适当吸氧，当反应症状加重时，应及时到医院就诊。

第二节　文明出行

一、文明社交

个人行为虽说不能代表整体，但身在国外，外国人往往会把你作为一个整体的代表来看，所以在国外务工时，一言一行不再是一件小事，它关系到国家形象问题。农民朋友在辛苦工作之余，也一定要胸怀祖国，时刻对自己高标准、严要求，说文明话，做文明事，当文明人，自觉维护国家形象和国人自尊。

1. 相互尊重

以良好的修养，展现自尊自信。热情坦诚、以礼相待，在友善待人的同时赢得他人的尊重。

2. 真诚相待

诚实守信，表里如一。以真诚为纽带，促进人与人之间的信息传递、情感交流、思想沟通。

3. 宽容大度

心胸豁达，宽以待人。多为他人着想，体谅他人难处。

4. 严于律己

交往中清楚自己该做什么，不该做什么，己所不欲，勿施于人。

5. 把握分寸

以平等的态度对待交往对象，以大方得体、不卑不亢为待人接物尺度。既不必自吹自擂、自我标榜，也不要妄自菲薄、自我贬低，过度谦虚客套。

6. 尊重差异

从不同民族、不同国家的社会文化背景出发，了解其礼仪文化差异，了解具体交往对象的不同风俗习惯、宗教信仰和交往禁忌，并给予尊重。

7. 积极融入

主动与居住地居民交流，对居住地的风俗习惯尽量做到入乡随俗，积极融入当地社会，拓宽平安、和谐发展空间。

8. 心系祖国

爱国情怀历久弥新，民族自尊心、自豪感永存心间。不做有辱国格的事，不说有辱国格的话。弘扬中华民族优秀文化，做文明中国人，从日常做起，日积月累，形成习惯。

二、文明举止

1. 讲究仪容仪表

不在公共场合脱去鞋袜、袒胸露乳，不毫无掩饰地剔牙。不在卧室以外穿着睡衣，不对别人打喷嚏，不在妇女和儿童面前吸烟，不把烟雾喷向他人。

2. 注重个人修养

不语言粗俗，出口成脏，恶语伤人。礼让老弱病残，礼让女士。尊重服务人员劳动。不长时间独占公共设施。不强行与他人合影。

3. 遵守公共秩序

不在公共场所呼朋唤友、猜拳行令、扎堆吵闹，或高声接打电话。排队时不跨越黄线，不插队加塞。乘坐交通工具时不争抢拥挤。

4. 尊重风俗习惯

不在教堂、寺庙等宗教场所嬉戏、玩笑。与人谈话应避免问及年龄婚否、收入财务、信仰情感等个人私密情况。在西亚某些国家，女士不宜着装暴露。

5. 爱护公共设施

不损坏公共设施，不踩踏绿地，不摘折花木和果实。不在文物古迹上涂刻，不攀爬触摸文物。

6. 遵守公共规定

不在公共场所和禁烟区吸烟。不在禁止拍照的地区拍照留念。

7. 维护环境卫生

不乱扔垃圾、废弃物，乱倒污水。不随地吐痰、擤鼻涕、丢烟头、吐口香糖。上厕所后应冲水。

8. 讲究环保节约

节约用水用电。吃自助餐时一次取食不要太多，吃完后再适量取用，避免在面前摆放多个盛满食物的餐盘，避免浪费。

9. 奉行健康娱乐

拒绝参与色情、赌博活动，拒绝吸食毒品。

三、特别提醒

(1)如你需在国外停留较长时间或所在国局势不稳，建议你在中国驻当地使、领馆进行公民登记，以便出现紧急情况时，使、领馆能及时与你取得联系。

(2)注意防盗、防骗、防诈、防抢、防打。在住处不要给陌生人开门；出门时尽量不要随身携带贵重物品或大量现金，也不要在居住地存放大量现金；不要在车辆的明处摆放贵重物品，如车胎被扎，修车时务必要先锁好车门；不要将文件、钱包、护照等重要物品放在易被利器划开的塑料袋中；不要在黑暗处招呼出租车；不要轻易让陌生人搭乘你的车，也不要和陌生人一起行走；在公共场合要表现平静，不要大声说话，避免突出自己；不要在公共场所参与他人的争吵；不要在街上乱捡东西，以防被敲诈；不要在黑市上换汇；如警察检查你的护照等证件，应先请他出示证件，记下他的警牌号、警车号；交罚款时不要当街交给警察，而要凭罚款单交到银行等指定地点。

(3)如发生被抢、被盗、被骗或被打事件，应立即向当地警方报案，并要求其出具报警证明，以便日后办理保险理赔、证件补发等手续。

(4)留意当地报纸、电视等媒体信息，了解当地政治、经济、社会形势，与邻为善，入乡随俗，尽快适应当地生活，融入当地社会。

(5)你的合法权益受到侵害时，应用正当途径解决，不要采取贿赂等不合法方式。

(6)熟记当地火、警、急救等应急电话。

(7)照顾好自己的身体。注意在外饮食健康，尽量避免吃未煮熟的食物或喝未煮开的水(正规密封矿泉水除外)；切勿前往疫区、辐射区、赌博、色情等场所。

(8)通过电话或电子邮件等与家人或朋友保持正常联络，以免亲友担忧。

第三节　必备礼仪知识

前面说过，我们的一言一行都代表着国家的形象，因此务工期间要注意自己的言行举止，做个讲文明有修养的人，懂得必要的礼仪知识。虽说目前中国公民在礼仪上比过去要好很多，但一些细节问题依然存在，农民兄弟在国外务工期间，应注意哪些个人礼仪呢？以下从衣食住行等几个方面来分别讲解。

一、乘坐飞机的礼仪

(1)打洋工出境时一般得乘坐飞机，而飞机上一定要表现出自身良好的修养和礼仪。上机时不得违规携带有碍飞行安全的物品。通常规定：任何乘客均不得携带枪支、弹药、刀具以及其他武器，不得携带一切易燃、易爆、剧毒、放射性物质等危险物品。

(2)登机时应当认真配合例行的安全检查。在进行安全检查时，每位乘客都要通过安全门，而其随身携带的行李则需要通过监测器检查。当机场安全人员对我们或行李使用探测仪进行检查或手工检查时，不应当拒绝合作，或无端进行指责。

（3）准时登机，依次入座。上下飞机时，要注意依次而行。

（4）飞机飞行时务必遵守有关安全乘机的各项规定。登机后主动关闭手机等无线电设备。

（5）需要找乘务员时，可以按呼叫铃，不宜大声喊叫。接收乘务员服务时应致谢。上下飞机时，对空中乘务员的迎送问候应有所回应。

（6）在机上放置自己随身携带的行李时，与其他乘客要互谅互让。飞机未停稳时不抢先打开行李舱取行李，以免行李摔落伤人。

（7）在自己的座位上就座时，不要当众脱衣、脱鞋，尤其是不要把腿乱伸乱放。如果是长途飞行，鞋脱下后应罩上护罩。

（8）当自己休息时，不要使身体触及他人，或是将座椅调得过低，从而有碍于别人。

（9）机上与他人交谈时，不要影响他人休息，不要谈论令人不安的话题。

（10）保持舱内整洁卫生，因晕机呕吐时，应使用机上专用呕吐袋。

（11）机上阅读物阅后应整齐放入面前的插袋中。

（12）不乱动飞机上的安全用品及设施。飞机上的救生衣是飞机遇险，在海上迫降时供乘客逃生使用的，切勿随意打开或带下飞机。

二、西餐用餐礼仪

人的一生中，吃是一件大事，农民工在外务工期间自然离不开吃，除自己做饭外，有时还会邀三五好友下馆子，或出席各种宴会，吃最能反映一个人的基本礼仪，尤其是吃西餐时。

1. 用餐时的基本礼仪

(1) 喝汤、咀嚼绝不出声。

(2) 不在公开场合，大声地发出打嗝声。

(3) 不碰撞杯、盘。不要移动餐盘，不许和同伴交换餐点。

(4) 刀叉轻放，不发出刮盘声。

(5) 讲话时不挥舞刀叉，或用刀叉指着人。

(6) 不弯腰埋头吃饭，因为这模样显得很穷酸、狼狈。

(7) 切食物应切一口大小，并且一口放进嘴里，不要只咬半口。

(8) 不要翻看盘底的厂牌名。

(9) 使用放在右前方的杯子，不要拿走别人的杯子。

2. 西餐餐具的使用法则

中餐的餐具只有一双筷子，而西餐餐具却是琳琅满目的一整排。请放轻松，餐具摆放虽然多，但其实只是为四道菜而准备。这四道菜是前菜、汤、鱼、肉，只是餐具全都一并摆出来而已。

(1) 刀叉摆法：摆法不同，意思各异

刀叉的摆法是个信号，借此告诉侍者什么时候收走盘子。若刀叉置于盘子两侧时，表示仍在进行饮食中，相反，若刀叉平行摆放，则表示用餐完毕。另外一种摆法为，在大众化的餐厅用餐时，从头到尾只用一副刀叉，盘子收走了，用过的刀叉还会留在桌上继续吃下一道菜。这时，你不要把刀叉直接贴放在桌上，而是将刀口放在叉齿间，并且刀刃朝下。

饮食时摆法

当你用餐完毕后，可顺手将盘上的刀叉并拢，并且保持刀刃的方向是朝内状态，这样不仅使你的桌面变得更为整洁，也让服务生可以方便收拾餐具。

餐毕时摆法

(2)公用餐具：双手用，更优雅

当你在餐厅用餐时，会碰到有些菜不做一人份或是食物可相互享用的情况，如：西班牙海鲜饭或大盘色拉等，这种供多人食用的菜，会附上公叉和母匙。若在取菜时只用一只手操作匙与叉，显得非常不雅。用双手反而较雅：右手匙在下，左手叉在上，食物盛在匙上，用叉背按压着，再放到自己的盘子里。

每拿完一次，切记将盘里的食物聚集在中间，把叉和匙的握柄朝向同伴，这样不仅保持盘相美观，同时也方便别人拿取。

(3) 不使用餐具的食物吃法

咸点心可用手直接取用，这些食物是不用餐具而用手拿着吃的，称为 Finger Food，通常餐前酒与正餐之前都会先送上这类食物。Finger Food 的功用是，喝餐前酒之前，先填一下肚子可以保护胃。另外，人在空腹的时候，血糖会降低，吃一点东西会使心情沉稳许多。比较常见的咸点心有薄面包或是饼干上面放火腿等，一般都是三块，直接用手拿着吃就行了。要一口吃完，不要只咬一半。

3. 餐巾礼仪

(1) 正确的餐巾用法

餐巾是进餐时重要的用品，不但是你坐下来之后第一个会接触到的用品，也是离席时最后的用品，因此从餐巾用法可以看出你的餐桌文化造诣。

- 餐巾本来就是擦拭的用品，别舍不得用它。
- 餐巾正确的用法为，摊开在腿上，往前折三分之一到二分之一。
- 用餐巾擦拭嘴巴时，只要单手拿起餐巾的一角，轻轻按压嘴角就行。

- 喝酒前，用餐巾按一下嘴唇，免得油污和口红在酒杯上留下印子。
- 不小心吃到小骨头时，也用餐巾掩着再取出来。
- 忍不住咳嗽、打喷嚏时，将脸侧向一边，用餐巾遮掩一下。
- 餐巾不可以挂在胸前。

(2)离席时餐巾的摆法

餐毕离开时要等主人或是女士将餐巾放到桌上后，才将自己的餐巾放到桌上。此外，餐巾是擦拭的用具，所以当其他人仍在享受食物时，不应该将污损的餐巾放在桌上。

离席时餐巾不必折整齐，正确摆法是放在咖啡杯的左边。若只是暂时离席，可将餐巾放置在座椅上，不用折整齐，表示你只是暂时离开，之后会回座位。

暂时离席餐巾摆法

有一点是很多人常犯的错误，餐毕离开时，用过的餐巾请不要折叠整齐，只要把餐巾略叠成四分之一大小放在桌上左边即可，将用过的餐巾折叠整齐是具有讽刺的意思，表示你对这个餐厅不满意，而且不会再来，所以用完餐点后一定要格外注意。

各国常见就餐禁忌如下：

- 在日本，不要把筷子竖直插在饭碗里。不用筷子时，把筷子平行横放在桌子一角。把筷子竖直插在饭碗里是一种禁忌。

- 在墨西哥，吃炸玉米饼的时候不要用餐具。吃炸玉米饼的时候使用餐具被认为是愚蠢而势利的。

- 在格鲁吉亚，如果参加传统宴会，不要轻抿酒杯。他们喝酒一般是一干而尽的。

- 在中东，当你与客人喝咖啡的时候，在最后要摇一摇杯子。如果不摇杯子，你一喝完，服务员就会给你继续加满咖啡。如果你不想喝了，记得把杯子倾斜两到三次。

- 在智利，不要用手取任何食物，在南美洲，就餐礼仪都很正式，用手拿显得缺乏教养。

- 在韩国，如果长辈给你倒酒，要双手接过杯子，接过杯子后，要轻轻地抿一口以示尊重。在长辈未开始用餐前不要用餐。

- 在俄罗斯，不要把伏特加和别的酒或饮料混合，也不要拒绝别人递给你的伏特加。在酒中混合其他的酒或饮料被看成是破坏酒的纯度，而拒绝别人的伏特加，则被认为是你不信任对方，不想和他做朋友。

- 在意大利，除非提供，否则不要向服务员要配料。意大利人认为在比萨上加上干酪是罪恶的。实际上，很多意大利菜都不需要额外再加配料的。

• 在泰国，不要用叉子把食物送进嘴里，叉子是用来把食物放在勺子里的。只有单独的非米饭类的食物时才可以这样使用叉子。

• 在中东、印度和非洲部分地区，不要用左手用餐，由于某些特别的原因，左手被认为是不干净的。

• 在法国，不要把面包当成开胃品，在法国，淀粉混合物尤其是加上奶油的淀粉混合物是在餐后才吃的。

三、拜访礼节

到外国人办公室或住所，均应预先约定、通知，并按时抵达。如无人迎候，进门先按铃或敲门，经主人应允后方可进入。如无人应声，可稍等片刻后再次按铃或敲门(但按铃时间不要过长)。无人或未经主人允许，则不得擅自进入。

因事急或事先并无约定，但又需前往时，则应尽量避免在深夜打搅对方；如万不得已，得在休息时间约见对方时，则见到约见人后立即先致歉意，说“对不起，打搅了”，并说明打搅的原因。

经主人允许或应主人邀请，可进入室内。尽管有时洽谈的事情所需时间很短，也应进入室内，不要站在门口进行谈话。有时，主人未邀请进入室内，则可退到门外，在室外进行谈话。

进入室内，如说话所需时间较短，则可不必坐下，事毕也不要逗留；如所需时间较长，则要在主人邀请之下方可入座。在预先并没有约定的情况下，谈话的时间尽量不要过长。

应邀到外国人家里拜访、做客，应按主人提议或同意的时间抵达，早到或迟到都是不礼貌的。如发生迟到的情况，应致歉意。

进行拜访，一般安排在上午十时或下午四时左右。西方习惯备有小吃和饮料招待，客人不要拒绝，应品尝一下，接受的饮料应喝掉(但实在不习惯时，也不必勉强)。

不经主人的邀请或没有获得主人的同意，不得要求参观主人的庭院和住房。在主人的带领下可参观住宅，但即使是较熟悉的朋友也不要去触动除书籍、花草以外的个人物品和室内的陈设。

对主人家中的人都应问候，尤其应问候夫人(丈夫)和子女。有小孩在场，应主动与孩子握手、拥抱表示喜欢。家中养有猫狗的，不应表示出害怕、讨厌，不要去踢它、轰它。

离开时，应有礼貌地向主人告别，感谢主人的接待。

四、日常交往礼节

遵守时间、不得失约是国际交往中极为重要的礼节。参加各种活动，应按约定时间到达。过早抵达，会使主人因准备未毕而难堪；迟迟不到，则让主人和其他客人等候过久而失礼。因故迟到，要向主人和其他客人表示歉意。万一因故不能应邀赴约，要有礼貌地尽早通知主人，并以适当方式表示歉意。

要尊重老人和妇女，这是一种美德。在很多国家的社交场合，经常会看到这样的情景：上下楼梯、车辆，进出电梯，均让老人妇女先行，主动予以照顾。对同行的老人妇女，男子帮助提拿较重物品。进出大门主动帮助老人妇女开门、关门，帮助他们穿脱大衣外套。同桌用餐，两旁若是老人或妇女，男子应主动照顾，帮助他们入离座位等。

要尊重各国风俗习惯。不同的国家、民族，由于不同的历史、宗教等因素，各有特殊的风俗习惯和礼节，均应予以尊重。例如，某些国家对饮食有禁忌，不吃猪肉或牛肉等；某些国家如印度、印度尼西亚等，不能用左手与他人接触或用左手传递东西；在佛教国家不能随便摸小孩头顶；天主教徒忌讳“十三”这个数字，遇上这种日子，一般不举行宴请活动；使用筷子进食的东方国家，用餐时不可用一双筷子来回传递，也不能把筷子插在饭碗中间；东南亚一些国家忌讳坐着跷大腿；伊朗称好不伸大拇指；保加利亚、尼泊尔等一些国家，摇头表示赞赏，点头表示不同意，等等。这些风俗习惯若不注意，会使人误以为对他们不尊重或闹出笑话。新到一个国家或初次参加活动，应多了解，多观察，不懂或不会做的事，可仿效别人。

举止要落落大方，端庄稳重，表情自然诚恳。站立时，身子不要歪靠在一旁，不半坐在桌子或椅子背上。坐在沙发上不要摆出懒散的姿态。在公共场所不要趴在桌子上，躺在沙发上。走路脚步要轻，遇急事可加快步伐，不可慌张奔跑。谈话时，手势不要过多，不要放声大笑或高声喊人。在图书馆、博物馆、医院、教堂等公共场所，都应保持安静。在隆重的场合，如举行仪式，听讲演，看演出等，要保持肃静。

一些地方、场合是不允许吸烟的。例如在剧场、商店、教堂、博物馆、会议厅等地不得吸烟。在火车、轮船、飞机上往往分吸烟与不吸烟的座位、车厢等。在工作、参观、谈判和进餐中，一般不吸烟或很少吸烟。不要边走边吸烟。进入会客室或是私人住宅、办公室等，不知道是否允许吸烟时，可询问一下主人。如有妇女在座，应征得她的同意。主人不吸烟，又未请吸烟，则最好不吸烟。在场人多或同座身份高的人士都不吸烟时，则一般不吸烟。

五、谈话时的礼节

谈话的表情要自然，语气和气亲切，表达得体。说话时可适当做些手势，但动作不要过大，更不要手舞足蹈，不要用手指指人。与人谈话时，不宜与对方离得太远，但也不要离得过近，不要拉拉扯扯，拍拍打打。谈话时不要唾沫四溅。

参加别人谈话要先打招呼，别人在个别谈话时，不要凑前旁听。若有事需与某人说话，应待别人说完。有人与自己主动说话，应乐于交谈。第三者参与说话，应以握手、点头或微笑表示欢迎。发现有人欲与自己谈话，可主动询问。谈话中遇有急事需要处理或需要离开，应向谈话对方打招呼，表示歉意。

谈话现场超过三人时，应不时地与在场的所有人攀谈几句。不要只与一两个人说话，不理会在场的其他人。也不要与个别人只谈两个人知道的事而冷落第三者。如所谈问题不便让旁人知道，则应另找场合。

在交际场合，自己讲话时要给别人发表意见的机会，别人说话，也应适时发表个人看法。要善于聆听对方谈话，不轻易打断别人的发言。一般不提与谈话内容无关的问题。如对方谈到一些不便谈论的问题，不对此轻易表态，可转移话题。在相互交谈时，应目光注视对方，以示专心。对方发言时，不左顾右盼、心不在焉，或注视别处，显出不耐烦的样子，也不要老看手表，或做出伸懒腰、玩东西等漫不经心的动作。

谈话的内容一般不要涉及疾病、死亡等不愉快的事情，不谈一些荒诞离奇、耸人听闻、黄色淫秽的事情。一般不询问妇女的年龄、婚否，不径直询问对方履历、工资收入、家庭财产、衣饰价格等私人生活方面的问题。一般谈话不批评长辈、身份高的人员，不议论当事国的内政。不讥笑、讽刺他人，也不要随便议论宗教问题。

男子一般不参与妇女圈内的议论，也不要与妇女无休止地攀谈而引起旁人的反感侧目。与妇女谈话要谦让、谨慎，不与之开玩笑，争论问题要有节制。

谈话中要使用礼貌语言，如：你好、请、谢谢、对不起、打搅了、再见、好吗？等等。在我国人们相见习惯说“你吃饭了吗？”“你到哪里去？”等，有些国家不用这些话，甚至习惯上认为这样说不礼貌。在西方，一般见面时先说：“早安！”“晚安！”“你好！”“身体好吗？”“最近如何？”“一切都顺利吗？”“好久不见了，你好吗？”“夫人(丈夫)好吗？”“孩子们都好吗？”“最近休假去了吗？”分别时常说：“很高兴与你相识，希望再有见面的机会。”“再见，祝你周末愉快！”“晚安，请向朋友们致意！”“请代问全家好！”

在社交场合中谈话，一般不过多纠缠，不高声辩论，更不能恶语伤人，出言不逊，即便争吵起来，也不要斥责，不讥讽辱骂。

六、给小费的礼仪

在国外务工及生活，随时随地都会遇到这样一个问题——支付小费。因各国、各地区收小费的比重不一，差距较大，所以初到一地，应事先向有经验的人了解有关情况，并与同行者研究一下付小费的合理办法，以入乡随俗的态度认真对待，以免带来不好的影响。

一般来说，小费礼仪需要注意“五要”：要尊重对方；要悄悄给对方；要掌握给小费时机；要按质付费；要注意区别不同地方的付费方式。

国外收小费的行业主要有：(1)酒店的门童、行李员、送餐员、客房服务员；(2)餐厅的领位员、侍者、乐手、卫生间保洁员；(3)美容美发行业的美容师、发型师、泊车者；(4)出租车司机；(5)影剧院衣帽厅侍者、节目单发放者、剧场领位员；(6)旅游观光时的导游员、驾驶员。除了以上六类行业，还有其他一些行业流行付小费。

以下是常见的各国付小费礼仪。

- 在日本，当进入饭店大门时，顾客可向女招待员付一些小费，而对于其他人员可不必支付。

- 在泰国，为服务你的人员支付小费，无论多少，都是需要的。

- 在新加坡，付小费是被禁止的，如若付小费，则会被认为服务质量差。

- 在瑞士，饭店餐馆不公开收取小费，而司机则可按明文规定收取车费10%的小费。

- 在法国，付小费是公开的，服务性行业可收不低于价款10%的小费，财政税收也将小费计入。

- 在意大利，收小费属于“犹抱琵琶半掩面”的半公开现象。当遇到“拒收”的“示意”时，你最好是趁送账单之机递上小费。一般在意大利饭店里，客人最多给10%的小费。在咖啡馆酒吧，一般桌上放着专给你放小费的小盘子或储钱猪。在旅馆里，通常每周给打扫清洁的女工5个欧元。坐出租车则不一定要给小费，把车钱凑成整数就行了。

• 在北非及中东地区，收取小费是“理所当然”的事。因为许多从事服务性活动的是老人与孩子，小费是其全部收入。如遇顾客忘却付小费，他们会追上去索取的。

• 在美国，小费现象是极普通而自然的礼节性行为。一般来说小费是消费的10%~15%，不过经常有人高兴多给点。有些餐厅在结账的时候专门列有一项是“小费”。付小费的其他情况包括坐出租车和到旅馆请人搬行李等，在这种情况下付一两块钱小费就行了，而不是15%。坐出租车付10%的小费。严格地说，服务员应该为小费报税。但许多人少报，因为付的都是现金。

七、出国常用英语必备

英语是世界通用语言，农民工出国多学几句常用英语会好处多多。

(一)登机篇

1. 请问1号登机口在哪？

Excuse me, where is boarding gate one?

2. 请问航班CZ623(航班号)在哪换登机牌？

Hi, where can I get the boarding pass for flight CZ623?

3. 我在何处可取得行李？

Where can I get my baggage luggage?

4. 这些是我私人使用的东西。

These are for personal use.

5. 旅游咨询中心在哪里？

Where is tourist information?

6. 是否可建议一间较为廉价的旅馆？

Can you recommend an economical hotel?

7. 是否有机场巴士到市区？

Is there a bus to the city?

8. 是否有每晚花费在 50 美元以下的饭店？

Is there a hotel that costs under 50 dollars a night?

9. 巴士站牌(出租车招呼站)在哪里？

Where is the bus stop(taxi stand)?

10. 是否可建议一家位于市中心的旅馆？

Could you recommend a hotel in center city?

(二)饮食篇

1. 你好，我们有 2 位。

Hi, a table for two, please.

2. 我们想坐在靠窗的位子。

We prefer to sit by the window.

3. 我可以坐这个位子吗？

Can I take this seat?

4. 我可以要冰水吗？

May I have some ice water?

5. 请给我菜单。

May I have a menu?

6. 是否有中文菜单?

Do you have a menu in Chinese?

7. 这里最受欢迎的餐点是什么呢?

What is the most popular dish here?

8. 不要辣椒。

Not spicy.

9. 可以再帮我加点水吗?

Can I have some more water?

10. 买单。

Check, please。

(三)交通篇

1. 我想到(地名),请问要多少钱?

How much is it to (地名)?

2. 巴士车站在哪里?

Where is the bus stop?

3. 乘计程车到市中心需要多少钱?

How much does it cost to take a taxi to center city?

4. 不用找钱了。

Keep the change.

5. 请拉我去这个地址。

Take me to this address, please.

6. 到市中心需要多长时间?

How long does it take to go to center city?

7. 请停在这里。

Stop here, please.

8. 几点发车?

What time is the departure?

9. 在哪里买票?

Where can I get a ticket?

(四)购物篇

1. 我可以试穿这个吗?

May I try this on?

2. 这免税吗?

Is this tax free?

3. 我可不可以用信用卡付账(银联卡)?

Can I pay by credit card(Union Pay)?

4. 太贵了，打个折吧?

It's too expensive. How about a discount?

5. 你能卖便宜一点吗?

Can you come down a little bit?

6. 不能再便宜了吗?

Is this your final price?

7. 我要大一点的。

I'd like one size up.

8. 我要买这个。

I'll take this one.

9. 我要在哪里换钱?

Where can I change money?

10. 收银台在哪里?

Where is the cashier?

11. 哪里有自助取款机?

Where is the ATM?

第四节　移民海外

移民，顾名思义就是迁移到其他国家成为正式居民，移民具体可以划分两大类别：永久居住(俗称“绿卡”)和公民身份。

永久居住和公民的权利差别，主要体现在选举和被选举权上。拿到绿卡意味着你依然还是中国人，但如果拿到的是公民身份，根据中华人民共和国相关法律(我国不承认双重国籍)，意味着你已经放弃了中国国籍，也就是说你已经是外国人了。

另外需要注意的是，绿卡是有有效期的，一旦超过有效期必须重新审核永久居住权；而加入国籍之后，成为公民，移民身份就是永久有效的了。

注意，移民方法也可以分为技术移民和投资移民两种。投资移民需要大量资金，如美国已涨至50万美金，这对于农民朋友来说无疑十分遥远。还有一种是技术移民，不需要大量的投资资金，只要你有过硬的技术，英文达标，找一家靠谱的移民平台帮你，哪怕你是电工、钳工等，一样也可以移民。目前世界上最主要的移民国家有美国、加拿大、澳大利亚、新西兰等。其中美国和加拿大是中国富豪投资移民的首选国家，洛杉矶、旧金山和温哥华是中国富豪最向往的移民城市。

思想有多远，我们就能走多远。移民对于靠劳力为生的农民朋友来说，并非是那么遥不可及，现实生活中许多在国外打工的农民工在国外工作几年后，由于技术过硬，吃苦耐劳，深受雇主喜爱，在雇主的帮助下他们获得了当地永久居住权。有些国家还对拥有专业技术的务工者大开绿灯，直接给予公民身份。还有一些务工者在务工期间，与当地姑娘相恋并结婚，也获得了绿卡身份。因此对在国外的务工者来说，成功移民海外并非那么遥不可及，只要努力，什么都有可能。

第五章
中国境外领事及领事保护

人们常说“在家靠父母，出门靠朋友”，当农民朋友乘坐飞机，踏出国门，来到人生地不熟的外国，如果在工作、生活中遇到困难，或合法权益受到侵害，遭受不公正待遇，甚至受到当地人的欺侮或绑架，生命受到威胁，此时找谁替我们做主呢？国外有没有像国内那样的工会或妇联这样的组织，来保护弱者的权利呢。当然有！在国外，如果碰到各种纠纷或人身安全受到威胁等，农民朋友可以寻求领事保护，领事们就是我们的娘家人，会在危难时向我们伸出援手，为我们提供许多必要的帮助。

一、领事及领事保护常识

1. 什么是领事保护

领事保护是指中国公民、法人的合法权益在所在国受到侵害时，中国驻当地使、领馆依法向驻在国相关部门反映有关要求，敦促对方依法公正、妥善处理，从而维护海外中国公民、法人的合法权益。

领事服务是指中国驻外使、领馆依据本国有关法律和法规，为所在国的本国公民提供涉及国际旅行证件、公证、认证等事宜的服务。

实施领事保护的主体是政府，在国外是驻外使、领馆。中国目前有近300个驻外使、领馆，它们都是实施领事保护的主体。

领事保护的内容是海外中国公民、法人在海外的合法权益。合法权益主要包括：人身安全、财产安全、合法居留权、合法就业权、法定社会福利、人道主义待遇等，以及当事人与我国驻当地使、领馆保持正常联系的权利。

领事保护的方式主要是依法依规，向驻在国反映有关要求，敦促公平、公正、妥善地处理。依据的法规，主要包括公认的国际法原则、有关国际公约、双边条约或协定以及中国和驻在国的有关法律。

2. 什么人可以得到中国政府的领事保护

凡是依照《中华人民共和国国籍法》具有中国国籍者，都可以得到中国政府的领事保护。也就是说，只要您是中国公民，无论是定居国外的华侨，还是临时出国的旅行者；无论是内地居民，还是香港、澳门和台湾同胞，都是领事保护的对象。

《中华人民共和国国籍法》规定，我国不承认双重国籍。定居外国的中国公民，凡自愿加入或取得外国国籍者，即自动丧失中国国籍，因而不再享有中国驻外使、领馆的领事保护。

而正在办理移民手续者，在手续完结、国籍变更之前仍是中国公民，仍是领事保护的对象。

3. 领事官员可以为您做什么

(1) 当您的合法权益在所在国受到侵害，或与他人发生民事纠纷，或涉及刑事案件，中国驻外使、领馆可以应您的请求推荐律师、翻译和医生，帮助您进行诉讼或寻求医疗救助。

(2) 可以在所在国发生重大突发事件时，为您撤离危险地区提供咨询和必要的协助。

(3) 可以在您被拘留、逮捕或服刑时，根据您的请求进行探视。

(4) 可以在您遭遇意外时，协助您将事故或损伤情况通知国内亲属。

(5) 可以在您遇到生计困难时，协助您与国内亲属联系，以便及时解决费用问题。

(6) 可以协助您寻找失踪或久无音讯的亲友。您提出请求时须提供被寻人员的详细信息。

(7) 可以根据中华人民共和国有关法律和法规为在国外合法居留的中国公民颁发、换发、补发旅行证件及对旅行证件上的相关资料办理加注。

(8) 可以为遗失旅行证件或无证件的中国公民签发旅行证或回国证明。

(9) 可以根据中华人民共和国有关法律、法规和相关国际条约为中国公民办理有关文件的公证、认证；在与所在国的法律规章不相抵触的情况下办理中国公民间的婚姻登记手续。

4. 领事官员不可以为您做什么

(1)不可以为您申办签证。

(2)不可以为您在当地谋职或申办居留证、工作许可证。

(3)不可以干预所在国的司法或行政行为。

(4)不可以参与仲裁或解决您与他人的经济、劳资和其他民事纠纷。

(5)不可以替您提出法律诉讼。

(6)不可以帮助您在治疗、拘留或监禁期间获得比当地人更佳的待遇。

(7)不可以为您支付酒店、律师、翻译、医疗及旅行(机、船、车票)费用或任何其他费用。

(8)不可以将您留宿在使、领馆内或为您保管行李物品。

(9)不可以为您购买免税物品。

5. 获得领事保护的条件

作为中国公民，如果您的合法权益在所在国受到侵害，或遭遇不测需要救助，您可以就近联系中国驻外使、领馆，反映情况和有关要求。使、领馆将在工作职责范围内向您提供领事保护和协助。

权利和义务不可分离。对海外中国公民而言，每位公民都有寻求和获得领事保护的权利，但也应承担相应义务和法律责任。主要有：

(1)要求中国驻外使、领馆实施领事保护时，必须提供真实信息，不能作虚假陈述。

(2)在主观上有接受领事保护的意愿。使、领馆在实施领事保护时必须遵循当事人自愿原则，充分尊重当事人的意愿。

(3)要求不超出所在国国民待遇水平。使、领馆在实施领事保护时必须遵循国民待遇原则，可以保障当事人获得与当地人平等的对待，但不能帮助当事人获得更好的待遇。

(4)不能干扰外交部或驻外使、领馆的正常办公，应尊重外交、领事官员。

(5)依法交纳办理各种证件、手续的相关费用。

(6)严格遵守当地和中国的有关法律法规。

6. 所在国家发生恐怖袭击、严重自然灾害、政治动乱等紧急情况时，应如何寻求领事保护

(1)您应立即与就近的中国驻该国使、领馆取得联系，以获得最新相关信息并进行注册登记。如您家人与您失去联系，请您立即与中国驻当地使、领馆取得联系，以获得最新相关信息，并提供您家人详细个人信息和联系方式等，以便使、领馆协助查找。使、领馆将在必要及可能时协助中国公民(含死伤人员)撤离危险区域(不一定是回国)。

(2)您应保留好自己的重要证件和记录，包括护照、出入境记录、保险和银行记录等，并放在安全可靠的地方。

(3)您应检查护照、签证是否有效，如需更新护照请马上到使、领馆办理。

(4)您应将存放在家中或随身携带的重要证件和资料双备份，以防万一。

(5)不要消极等待。如尚有安全方式离开，应立即行动。

7. 当您在海外发生交通、工伤等事故时，如何处理

如您在海外遇到交通或工伤事故，应立即向当地警方报案或通知雇主，并要求雇主通知您的亲友或中国驻该国使、领馆。您可要求领事官员敦促所在国当局惩办肇事者，或协助您通过法律途径或向保险公司(如您已投保)获取赔偿。

8. 您在海外受到犯罪分子侵害(包括性侵害)时，该怎么办

您应立即向当地警方报告，并索要一份警察报告复印件。您还应当与律师或医生(如需就医)联系，也可向中国驻当地使、领馆反映情况。领事官员可以向您提供以下帮助：安排适当人员(如有性别要求)听取您的受害情况并承诺保护您的个人隐私；敦促警方尽快破案；了解案件进展情况；向您提供律师和翻译的名单；推荐合适的医院；补发丢失或受损的旅行证件；协助您与家人、朋友或雇主联系；寻求当地社会救助。但是，领事官员不能调查案件，不能代替您出庭，不能充当翻译，也不能替您支付律师费、医疗费或其他相关费用。

9. 当您在居住国被羁押或监禁时，该怎么办

您有权要求面见中国使、领馆领事官员。领事官员将根据您的请求前往探视，并保护您的合法权益，如人道待遇、公平待遇等。领事官员还可以帮助您与亲友取得联系，向您提供当地律师名单。但是，领事官员不能干涉当地法律程序，不能出面替您进行诉讼。

10. 当您在居住国受到雇主不公正对待或工资被雇主无故拖欠时，如何处理

如果您是由国内单位派出的，首先应将有关情况报告派出单位，由单位出面协商解决；如系个人受雇的，应依据合同及当地有关法规与雇主协商解决，如得不到解决，可向当地法院提起诉讼。您可同时请求领事官员为您的法律诉讼提供适当的协助。

您应当依据合同及当地有关法规与雇主协商解决。如协商未果，您可向当地法院提起诉讼。您可同时请求领事官员为您提供当地律师、翻译名单。领事官员将会向您介绍所在国一般的法律信息。

11. 当您持有效护照及签证在目的地国入境、出境或过境受阻时，如何寻求帮助

您首先应向当地主管部门如实说明入出境或过境事由，同时了解受阻原因。如您不懂当地语言，有权要求对方提供翻译服务。如果您的请求仍然得不到有关部门的回应，可要求与中国驻当地使、领馆联系，寻求帮助。使、领馆领事官员将向有关当局了解情况，反映您的要求，或进行必要交涉，但不能保证您一定会被放行。如交涉未果，您应理智接受当地主管部门的决定；如确系受到对方不公正对待，要注意收集和保存证据，以便日后诉诸法律之用。

12. 当您非法进入或滞留他国，既无有效证件，又无经济来源时，如何办理回国手续

您应向中国驻当地使、领馆如实报告本人真实、详细情况，包括姓名、出生日期、出生地、职业、家庭住址、联系电话、非法出境或滞留经过等。待您的原居住地公安机关核实、确认您的身份，且您的家属已垫付您的回国费用后，领事官员可为您颁发回国旅行证件并协助购买回国机（车、船）票。

13. 当您的中国护照在海外遗失、被偷或被抢时，怎么办

请您立即向当地警察部门报案，以便您向当地移民局申请出境签证时备用，同时持本人有关身份材料及复印件和照片到就近的中国驻当地使、领馆申请补发护照或旅行证，以供回国使用。提请您注意：买卖、转让、伪/变造、故意损毁中国护照是违法行为，涉案人将承担相关法律责任。

14. 当您在海外遇到经济困难时，能寻求使、领馆帮助吗

中国公民在国外的费用应由自己负责解决。如果您因被盗、被抢等原因出现暂时经济困难，可以与中国驻当地使、领馆联系，让家人通过使、领馆汇钱，或通过外交部转交。

15. 当您或您家人在国外突发重病或精神病，如何求助

当您或您家人在国外突发重病或精神病，应迅速拨打当地急救电话，前往当地医院治疗。中国驻当地使、领馆可以协助提供当地医院名单；可协助通知国内家属或单位。如您或您家人要回国治疗，经当地医院及有关航空公司同意，使、领馆可协助联系航空公司和陪护人员予以关照。您应承担机票及陪护等相关费用。

16. 中国驻外使、领馆是否可以解决海外中国公民遇到的一切困难

为海外中国公民提供领事保护和协助是中国驻外使、领馆应尽的义务。领事保护应该在有关国际法、驻在国和中国的法律框架内进行。中国驻外使、领馆是国家的外交代表机构，在驻在国没有行政和司法权力，不能使用强制手段，不能代替个人主张其权利，只能通过外交途径敦促驻在国依法、公正、公平处理有关案件。使、领馆应积极协助当事人维护合法权益，但不能超越领事职务的权限。

17. 中国驻外使、领馆可否替求助公民支付一切费用

如果因被盗、被抢等原因出现暂时经济困难，求助公民首先应通过个人汇款等商业方式解决。如接收汇款有困难，可与中国驻当地使、领馆联系，让家人通过使、领馆汇款。如求助公民无法及时得到亲朋救助，中国驻外使、领馆可以提供小额资助，为当事人提供短期食宿或购买机票回国。受助中国公民须签署"还款保证书"并提供国内还款人有效联系方式，回国后及时向外交部或驻外使、领馆归还借款。

二、正确认识领事保护

1. 当您要求领事保护时需承担哪些义务

当您要求使、领馆实施领事保护时，您所提供的情况必须是真实的。虚假陈述会给领事官员帮助您维护您的正当权益带来困难，而且将导致您承担相应的法律责任。

2. 公民对领事保护应消除一些认识上的误区

误区一：中国驻外使、领馆是中国公民理所当然的庇护所。

有一部分人认为，中国人在国外遇到刑事等案件时，可以去中国驻外使、领馆寻求庇护。这种认识是不正确的。使、领馆对本国国民或第三国国民都无庇护权。中国公民在境外陷入困境可以请求中国驻外使、领馆提供协助，但不允许躲进使、领馆"避难"。这样做不仅无助于解决问题，还会使问题复杂化，甚至引起外交争端。

本国公民可以到本国使、领馆寻求帮助，但不能无理取闹，扰乱使、领馆正常秩序，甚至围攻使、领馆，对领事官员进行恐吓，这些行为都触犯了国内和国际有关法律，情节严重的将受到有关法律的制裁。我国《治安管理处罚条例》第19条规定：扰乱机关、团体、企业、事业单位的秩序，致使工作不能正常进行，处15日以下拘留、200元以下罚款或者警告。《维也纳外交关系公约》和《维也纳领事关系公约》也规定，使、领馆馆舍及外交、领事官员人身不得侵犯，驻在国负有特殊责任保护使、领馆馆舍免受侵入或损害，并防止一切扰乱使、领馆安宁或有损使、领馆尊严的行为。

误区二：领事保护是万能的。

使、领馆的领事保护是有限度的，受到诸多条件和因素的限制：首先，使、领馆在驻在国没有行政权力，更无司法权力，不能使用强制手段。使、领馆对本国国民的保护，无论是探视还是交涉，实际上是依据国际法准则、国际惯例等督促当事国执法机关依法行事，公正公平处理；其次，领事保护涉及国际法、驻在国和派遣国法律，情况十分复杂，使、领馆对中国公民提供领事保护时，不能超越其执行领事职务的权限。

误区三：使、领馆提供的领事保护未达到预期效果，可以起诉有关领事官员。

驻外使、领馆实施领事保护时所进行的外交交涉是外交行为，既可能成功，也可能不成功。公民不能因外交交涉不成功而起诉外交行为，这是世界各国普遍的法律规定。我国《行政诉讼法》第13条规定，法院不受理公民、法人或者其他组织对“国防、外交等国家行为”提起的诉讼。《行政复议法》也不适用外交行为。

附录　外交部领事司联系方式

电 话：010—65963500；010—65964020（办公时间）

传 真：010—65963509；010—65964094

地 址：北京市朝阳区朝阳门南大街 2 号

邮 编：100701

第六章

国外务工纠纷案例解析

1. 旅游签证不能出国打工

案例：张先生今年44岁，2014年8月中旬，经熟人介绍，他来到某劳务信息咨询服务中心咨询办理赴马来西亚出国劳务事宜。该公司负责人说与马来西亚某工地签订了协议，许诺出国打工的工资保底10000元，每天工作9小时左右，日工，不计件。虽然中介费要2万元，但想到每月工资不错，张先生于是便毫不犹豫地交了中介费。谁知他来到马来西亚后，该工地负责人告诉他并未在中国招收出国劳务人员，并指出他手中的签证并非出国劳务签证，而是旅游签证，建议他尽快回国，否则警察会强制遣返。张先生一行回国后，该劳务公司才说出实情：公司只有劳务咨询的资质，是委托广州一家中介公司办理的劳务派遣手续，先办旅游签证，之后再想办法办劳务签证。由于该公司无出国劳务派遣资质，当地工商部门查封了该公司。

解析：护照、签证是出国必不可少的证件，外派公司在外派劳务过程中，其重要的工作之一就是替出国劳务人员办理签证。出国劳务人员只有持合法有效的签证才能出国务工。然而，有些无资质的企业随意承诺，甚至以办理旅游签证的方式将人员派出，致使很多人在国外滞留或被遣返，由此导致纠纷不断。

根据合同法的相关规定，张先生委托该公司办理的是出国劳务的相关事宜，该公司作为受托人理应按照合同约定履行义务，而该公司办理的系旅游签证，显然与合同目的不符，其行为构成违约，张先生可以要求该公司退还中介费并赔偿相关损失。

农民工欲出国打工，首先，要选择一家有合法经营出国劳务业务的公司来办理相关的出国劳务手续。报名时应要求该公司出示商务部颁发的“对外劳务合作经营资格证书”或劳动和社会保障部颁发的“境外就业经营许可证”。其次，应了解要去的国家和地区的基本情况和外国雇主的名称及经营情况；了解所从事的工种、合同期限、试用期、正常工作时间、工资待遇等。最后，需与国外雇佣公司签订“雇佣合同”，与国内办理出国劳务的经营公司签订“外派劳务合同”或“境外就业中介服务合同”。

如果出国务工人员签证为旅游签证，且对方用工单位并未委托国内中介招募工人，那么出国务工人员与中介公司签订的劳务合同是无效的，中介公司的行为是违法的，应接受行政处罚。而对于旅游签证，劳务人员应该认清其性质，不能听信中介公司做出的虚假承诺，匆匆登上飞机，导致后悔莫及。

2. 出国打工谨防受骗

案例：2014 年 6 月，当地居民薛某以某外派劳务公司负责人身份回家乡招人出国打工，招到了60人后，他以帮忙办理前往以色列护照手续及购买飞机票等为由，收取了每人5000元押金，承诺事后所收款项多退少补，但出国务工手续一直未能办成。当事人报案后，民警了解得知，薛某已将所有押金以汇款的方式转给了浙江某家外派公司负责人洪某，但洪某由于经营欺诈，公司证照已被吊销，洪某将这30万元押金不予退还，取走后失联。后在民警的帮助下，洪某被抓获，30万元押金最终全部退还给薛某，薛某之后退还给报名者。

解析：当前，农民工出国打工的热情日益高涨，但广大农民工兄弟在“打洋工”的路上，应该掌握以下几点常识，尤其是要签订一份正规合同，千万莫偏听偏信中介的一面之词，以免上当受骗，确保安全出去、安全回来、如愿发财。

一、外派劳务公司的合法性。外派劳务公司应具有商务部批准的对外出国劳务合作经营资格，名单可到商务部网站上查询，也可向地方商务主管部门查询。

二、外派劳务项目的真实性。获得出国劳务信息后，一定要核实信息是否准确。根据国家有关规定，地方商务主管部门负责本地区的外派劳务项目审查。如有必要，您可以向地方商务主管部门了解外派劳务项目的真实性。

三、报名前应注意事项。在报名前，要向外派劳务公司认真了解项目情况，如要去工作的国家，外国雇主名称，将从事的工作内容，工作期限，有没有试用期，每月或每周工作天数，每天工作时间等。特别要了解工资待遇，如月基本工资、超时和节假日加班费，以及工资和加班费发放方式等。

四、签署合同的注意事项。出国务工前，应与外派劳务公司签署合同；在出国务工期间，应与外方雇主签订“雇佣合同”。两份合同中关于劳务人员的权利和义务的内容应一致。要特别注意合同中必须有下列内容：工作地点、职业工种、劳动条件、工作时间、休息休假、劳动报酬、保险、双方的权利与义务及违约责任、合同变更及解除劳动合同的方式及条件、女工和特殊工种劳动保护条件、纠纷和争议处理办法、工伤亡事故处理办法等。

3. 劳务合同和劳动合同的区别

案例：农民工丁某决定年初赴澳大利亚打工，但外派公司与他签订的是劳务合同，而之前丁某在深圳一家制药厂签订的是劳动合同，对于这两种性质的合同，丁某摸不着头脑。

解析：对于劳务合同和劳动合同，劳动者既要谨慎区分，同时也要根据合同的具体履行情况学会保护自己的合法权益，不能仅以合同的表面形式简单判断。许多劳动者分不清劳务合同和劳动合同，并且容易发生两种错误认识。

第一种认为，两者没有什么区别，都是劳动者提供劳动，单位支付报酬，因此，签什么合同都一样，双方都构成了劳动关系。另一种则认为，只要合同上写的是劳务合同，就不存在劳动关系，不受劳动法的保护。

基于第一种认识，很多劳动者在与单位发生争议的时候首先想到的是去劳动仲裁，但对于签订劳务合同的劳动者，往往被告知不受劳动争议仲裁委员会的管辖，应按照合同法到法院提起民事诉讼。基于第二种认识，劳动者虽然与单位形成了事实上的劳动关系，但因为签订的是“劳务合同”而不是“劳动合同”，所以在面临自己劳动权益受到损害的时候，也只能自认倒霉，不愿意主动提起劳动仲裁。

事实上，一方面，劳务合同与劳动合同在形式上有本质的区别，两种合同往往对应着两种截然不同的法律关系，另一方面，对于合同双方的法律关系，又不能仅仅从合同本身的形式来进行区分。

第一，劳务合同的双方有可能都是自然人，或都是法人，而劳动合同双方一方只能是自然人，另一方则是除自然人之外的用工主体，主要是法人或非法人单位。

第二，劳务合同受民法通则和合同法的调整，而劳动合同受劳动法、劳动合同法的调整。

第三，劳务合同双方是平等的民事主体关系，而劳动合同双方在合同签订后存在隶属关系，劳动者需服从单位的管理和支配。

第四，合同内容不同。劳务合同内容主要是双方平等协商后的合意性条款，劳动合同的内容则更多的是法定性条款，其选择范围远小于劳务合同。具体来说，劳务合同的内容相对简单，主要是有关约定的工作内容和劳务报酬，而劳动合同还包括劳动者的保险、岗位等事项。

第五，争议处理方式不同。劳务合同一般通过法院诉讼解决(如果约定了仲裁条款，也可仲裁)，而劳动合同必须先通过劳动争议仲裁委员会的仲裁，对裁决不服的才能起诉到法院，对于部分情形的裁决甚至可以一裁终局。

从以上区别可看出，混淆两种合同，甚至将劳务合同当成劳动合同来签，有可能使劳动者失去劳动法的保护，不利于劳动者维护自身的合法权益。

4. 因病未能出国打工，保证金能否要得回

案例：2015 年 2 月，在政府组织的“春风行动”中，农民刘某向一家劳务信息公司上交了 5000 元的出国打工保证金。4 月，该公司组织出国劳务人员体检，因为刘某身上忽然长出红点，于是没能通过体检，无法出国打工。刘某向劳务信息公司索要保证金时，该公司告知刘某款项已交到上级公司，且是刘某自身原因导致无法出国打工，况且前期为刘某出国办手续已花了一大笔钱，因此此 5000 元保证金不退。

解析：农民工出国打工，要办理相应的手续，这就涉及相关费用，有些费用可退，有些费用则无法退回，像体检费、资料费、培训费等费用由个人承担，不论有没有成功出国，这些费用不予退还。但出国打工保证金的收取是以劳动者成功出国打工为前提的，不管是由于公司原因还是劳动者自身方面原因导致无法出国，保证金均应无条件退还，对于该公司采取各种理由不予退还或拖延退还的，刘某可直接报警或向国家劳动部门举报，除退还保证金外，还可索赔相应的损失。

5. 艾滋病病毒感染者不能出国

案例：2014 年，某省出入境检验检疫局的国际旅行保健中心在对出国劳务人员开展艾滋病筛查中，相继发现了 16 例艾滋病病毒感染者和 244 例梅毒患者。上述感染者均为男性，他们自述在出国务工期间均有过不洁性行为史，其中一名男性感染者还让妻子也感染了艾滋病病毒。由于这些人感染了艾滋病病毒，该省遂不准这些人员出国务工，尽管这批人多次到该局无理取闹，但该局根据规定，始终不给他们提供出国务工证明。

解析：目前出国劳务人员的艾滋病、梅毒等性病感染率持续走高，说明出国劳务人员仍是我国艾滋病、梅毒等性病的高危人群，加强对出国务工人员进行艾滋病、梅毒等性病重点监测和宣传教育，对阻断艾滋病、梅毒等性病传播十分重要。

检验检疫部门提醒出国劳务人员，出国务工前应自觉接受性病、传染病等教育，增强健康防病知识；同时，要自尊、自重、自爱，本着对家人、对社会高度负责的精神，增强个人安全性行为观念和生命健康观念，严格防范艾滋病、梅毒等性病的感染。出国务工人员归来后，应主动到当地检验检疫部门的国际旅行保健中心进行艾滋病、梅毒等性病监测，阻断艾滋病、梅毒等性病传播途径。

6. 劳务合同变为技术移民合同有隐患

案例：张某是名木匠，对房屋装修很在行。2014 年 12 月，他与山东某出入境服务有限公司签订了中介合同，由该公司为其办理出国劳务的相应手续，张某并交了 2 万元手续费。半年后，公司通知张某手续已全部办好，张某在签署“委托办理因私出境合同书”中，发现第一条“合同目的”中写着：经甲乙双方协商，按照所申请目的地国家移民法规定，乙方接受甲方委托为其办理申请目的国技术移民培训签证服务有关事宜。合同中并没有提到关于出国劳务的条款，对此该公司业务员向张某解释，办的是以技术移民的名头，但是实际内容为出国劳务，而且你在外国打工四年后还可顺便办理技术移民，一举两得。由于想到可以技术移民，张某遂签订了上述合同。

解析：农民工由于知识所限，不清楚技术移民和出国劳务的区别。技术移民需要申请者的职业技能和英语能力达到一定的水平，且费用至少要20万元。但出国劳务手续费用则要低很多，职业技能方面只需一定经验即可。

我国对开办外派劳务公司管理非常严格，而对开办移民介绍机构则宽松多了，为此一些并没有外派劳务资格的不良公司忽悠一些不明真相的农民工，私自从事出国劳务中介服务，并收取工作保证金。由于合同签的是技术移民，和报名者当初出国劳务的意愿不相符，这样报名者可能会遇到许多风险。其一，如果手续没办成，公司会以报名者不符合技术移民的标准为由，为自己开脱。其二，由于没有劳务外派资格，这些公司大多将报名的农民工外卖给另一些有外派资格的公司，从中分成，他们常因利益分配不均而让报名的农民工利益受损。其三，如果劳务者侥幸能够出国，但由于办的是技术移民，而不是劳务输出签证，常会受目的国的遣返，导致人财两空。

7. 非法招工害人害己

案例：董某自2008年开始就在斯里兰卡打工，经过几年的打拼，在那里兴办了一家企业，主要从事房屋建筑。2015年，董某在斯里兰卡承包了一项高速公路的分包工程，他委托两名没有任何海外招工资质的人到国内招了30位农民工，以旅游签证的方式送至斯里兰卡出国务工，导致这批人成了非法出国务工者，流落海外。幸运的是，在驻外大使馆的帮助下，这批工人最终顺利回国。

解析：伴随着出国打工热，一些不法商人常虚构出国劳务信息，坑害出国劳务人员，打工被骗事件频发，那么出国劳务该注意什么，如何避免上当受骗呢？

合法的外派劳务公司分两种类型：一种是取得“对外劳务合作经营资格证书”的企业，也就是我们常说的对外劳务合作企业。另外一种是取得“对外承包工程经营资格证书”的企业，也就是我们常说的对外承包工程企业。企业只有具备这两种资格证书中的一种，才能向境外外派劳务人员，否则就为非法外派。如果有些公司的工作人员称其亲戚在国外，可以方便地办理相关手续，这往往是骗局，因为外国人不能直接来中国招聘。

因此欲出国打工，首先要找正规的劳务公司或正规的工程承包企业，看它们具不具有这两项资质，看看它们的工商执照有没有经营出国劳务的范围。

还有一种情况是签证方面，正规的签证办的是工作签证，但是非法劳务公司可能会采取给你办商务签证、旅游签证或留学签证糊弄你。这三种签证均不能出国打工。

出国务工，既能挣钱也能长见识，可以说是一件大好事，但是一定要通过正规合法途径。如果有疑惑或遭遇纠纷骗局，应及时与公安等部门联系，及时核实相关信息，维护自己的权益和安全。

8. 公司破产出国劳务中介费可否退回

案例：王某与某公司越南办事处签订出国劳务合同，约定分两次向该办事处交中介服务费3万元，出国机票费用自理。之后王某被派往越南某公司从事电气焊工作，合同期限2年，月薪8000元，生活及住宿费自理。现王某所在公司因经营不善不需王某继续提供劳务，根据王某的签证，越南办事处口头要求王某回国。王某认为合同仅履行了6个月，连中介费都没挣回来，他想知道中介费可否退回？

解析：根据规定，王某出国劳务是越南办事处派遣的，现公司要求王某结束劳务回国，那么就应给王某出具书面说明，以免王某回国后遭公司搪塞。王某回国后，越南办事处应给王某继续提供相应的出国劳务机会，不应再收中介服务费。如不能提供，则应退回所收不能履约期间的中介费，并赔偿给王某造成的经济损失。

9. 临时改派是否要重新签订合同

案例：农民工李某与某人力资源管理公司签订了“外派劳务合同”后到中亚某国去修建铁路，为期两年。原本薪水已经谈妥，但是临走之前李某被公司改派到安哥拉，因为走得比较急，李某就没有与中介公司签订劳动合同。虽然派遣地改变了，但中介公司承诺工资待遇均不变。李某来到安哥拉后，才发现用工单位提出的工资跟人力资源管理公司说的不一样，待遇大幅下降不说，而且没有底薪，有事做才有工资拿。李某感觉受骗，要求回国，但是用工单位说已向中介公司支付了2万元服务费，李某回国可以，要么向该单位支付2万元服务费，要么在此做满5个月。李某一时进退两难。

解析：这种在国内时说得好听，却不肯签订劳动合同予以落实，劳动者出国后才发现和原本承诺大相径庭的情况，在境外劳务派遣中很常见。由于境外劳务派遣纠纷不同于国内一般的劳动纠纷，其涉及主体多元化以及纠纷的复杂性和跨国性。

在处理这些跨国纠纷中，合同是最重要的依据。

首先，外派劳务人员若与境外雇主之间发生矛盾，如果双方签订有“雇佣合同”，可依据与雇主签订的“雇佣合同”向劳务派遣公司或公司在当地的代表反映，请他们依据劳务派遣公司与雇主签订的“对外劳务合作合同”与雇主交涉，或参与共同协商解决问题。如果与境外雇主没有签订“雇佣合同”，外派劳动人员仍然有权向劳务派遣公司请求协助交涉。其次，外派劳务人员如果与劳务派遣公司之间有纠纷，首先应依据双方签订的劳动合同协商解决。如协商无效，可向相关的行业协会投诉，比如中国对外承包工程商会是我国从事对外承包工程和劳务合作业务企业的全国性行业组织，劳务人员可以向中国对外承包工程商会境外劳务派遣人员投诉中心书面反映，或回国后通过法律程序解决。最后，依据协议未能解决的重大问题，可向我驻所在国使、领馆反映，进行咨询或寻求帮助。

10. 居间人无需赔偿出国劳务损失

案例：2014 年底，李女士委托张某为其办理出国劳务手续，合同约定，张某作为李女士出国务工的联系担保人，首次由李女士交纳出国保证金 2.1 万元，如因张某的原因不能按时给李女士办理出国手续，所需费用均由张某承担，并偿还李女士 2.1 万元的出国保证金。如因李女士自身原因未能出国，则相关费用由李女士自付。

合同签好后，张某便委托王某给李女士办理相关手续，王某事先与张某及李女士约定好，李女士必须交纳 8000 元的介绍费。李女士将钱交给王某后，王某为李女士出具了一份 8000 元的收据，标明如果办不成，8000 元如数退还。事后，王某为李女士联系了一家出国劳务公司，让李女士接受培训，培训合格后，李女士却因故没能在 2015 年 3 月 30 日前出国。半年后，该公司才通知李女士正式出国。李女士认为，张某及王某没能按照合同约定时间让其出国，故两人应偿还 8000 元介绍费。

解析：在张某与李女士的合同中，张某没有收取李女士费用，属无偿委托合同，要求张某赔偿不符合法律规定。而王某帮助李女士完成了交费、培训等任务，到最后通过考核，且李女士也正常出国，王某已经完成了居间事项，而李女士第一次未能按时出国，与劳务公司有关，与王某无关。因此李女士索赔理由不当，索赔失败。

11. 出国打工“被离婚”，当事人如何维权

案例：温某 2008 年与第二任妻子杨女士结婚。为了养家糊口，2010 年他远赴新西兰打工。2015 年 9 月温某回国，没想到，杨女士却告诉他，2014 年法院就已经判决两人离婚了。原来杨女士作为原告将温某告上法庭，法院判决书中写着，被告温某“现下落不明”。开庭审判时，温某也一直是缺席的状态。判决书最后写道：“本院认为，婚姻应以感情为基础。被告自 2011 年 3 月下落不明，双方已不能履行夫妻义务，夫妻关系名存实亡，夫妻感情确已破裂。现原告具状请求离婚，本院予以允准。”温某称：“杨女士去居委会开了一份失踪的证明，而且我也没收到法院的传票，失踪的消息传出去后，很多人都认为我已经死了，真是可笑。”对于杨女士的行为，温某无奈又气愤。他说，自己还有约 30 万元的个人财产在杨女士手里，这样离婚后，他的财产也会打了水漂。

解析：在整个过程中，杨女士明知温某不是“下落不明”状态，仍要求居委会开出温某下落不明的证明，其目的是故意隐瞒真实情况，意图侵吞对方财产。作为被告，如果已经通过其他的途径，了解到法院对案件已经立案审理，应该积极应诉，维护自己的合法权益(个别离婚案件中也有被告故意不接传票，不应诉，到最后法院判决对自己不利时再出来维权，但是为时已晚)。此外，如果居委会故意出具虚假证据导致温某出现损失，则要承担相应的赔偿责任。本案中，由于杨女士是以虚假手段骗得的离婚，温某既可要求法院撤销离婚判决，也可在保持离婚判决的前提下，要求法院按法律规定判决杨女士不分或少分夫妻共同财产。

12. 因身体原因无法出国，无权要求中介退款

案例：2014 年 9 月，刘某与北京某公司签订境外就业中介服务协议，委托该公司为其办理出国就业手续。刘某之后被安排到新加坡从事清洁工工作，约定了底薪、工作时间、加班工资、福利待遇等条件，该公司收取了刘某服务费 2.5 万元。刘某出国后，从事清洁工工作，之后从事垃圾搬运工作，由于刘某之前做过开胸手术，无法从事垃圾搬运工作而自行回国，回国后起诉该公司，要求退还服务费 2.5 万元。中介公司认为已提供了服务，刘某自行回国，所以不予退款。

解析：在出国劳务大军中，不乏盲目跟风者。出国劳务人员要从自身现状入手，量力而行，此外还要考虑是否适应国外的自然环境、风土人情、风俗习惯等。根据合同法相关规定，受托人完成委托事务的，委托人应当向其支付报酬。根据刘某与该公司签订的合同，刘某委托该公司办理出国务工手续，并约定了报酬、工作时间等内容。事实上，刘某在国外从事的清洁工作及垃圾清运工作都是清洁工工作的范畴，该公司已完成了委托事宜，刘某应当支付服务费。刘某现认为其在国外从事的工作超过该公司承诺的工作强度，但对此没有提供证据证实，其以该公司没有完成委托事项为其安排工作为由要求退还服务费，没有法律依据。

13. 工作准证未办妥，出国费用应退还

案例：张某与某公司签订的合同约定，该公司派张某到新加坡从事美容工作，期限为两年，约定了工作时间、工作报酬、加班工资、福利待遇等条件，刘某之后交纳了4万元，包括工作准证申请费、中介服务费、材料翻译费用(机票费自付)。2014年12月，刘某到达新加坡，次年5月10日回国。之后，刘某诉至法院，以该公司未为其办理工作准证导致其无法出国务工为由，要求该公司退还费用，并赔偿机票费等经济损失。

解析：到新加坡务工需要办理工作准证，这是到新加坡务工的前提。通常情况下，工作准证由雇主办理，但有的合同也约定由外派企业来承担该事务，在合同对此有约定的情况下，负有办理义务的一方要切实履行该义务，否则要承担相应的法律责任。在本案中，双方在协议中明确约定交纳的4万元中包括工作准证申请费，说明在签订合同时已确定工作准证的申请办理义务由该公司负担，该公司也认可应为刘某办理工作准证。由于公司没能办理刘某的工作准证，导致刘某无奈回国，刘某之前交纳的4万元除应属刘某个人承担的费用外，其余应全部退还，公司还应赔偿刘某的机票等损失。

14. 出国梦想破灭，保证人要担责

案例：战某等4人是亲戚关系，听说姜某能够办理出国劳务手续，都找到姜某为其办理。姜某陪同战某4人到广东某公司分别交纳了1.1万元，但该公司一直未能办理出国劳务手续。之后，战某等人得知该公司根本没有外派劳务资质，其法定代表人也因诈骗罪被追究刑事责任，4人在多次要求姜某退款无望的情况下将姜某诉至法院，要求其承担保证责任。

解析：许多农民工抱着“发财梦”要到国外掘取人生的第一桶金，然而一些人却以高额报酬为诱饵，骗取这些农民工的信任，巧立名目，收取各种保证金、培训费等。出国打工人员如果法律意识淡薄，不注意收集和保存证据，很可能导致告状无门的后果，后悔莫及。

本案例中，姜某并不承认接受战某等4人委托办理出国事宜，声称是代该公司收取款项，否认承担保证责任。因双方没有签订书面协议，法律关系定性困难，但战某之前将姜某与其谈话进行了录音录像，该录像资料中姜某称其个人负责担保，有什么问题由他负责。在战某4人出示的证据面前，姜某承认了自愿为该4人担保的事实，同意承担保证责任。经法院调解，姜某最终与4人达成调解协议，赔偿了部分损失。

15. 劳务合同中单方面免责条款无效

案例：2014年11月，刘某与一家劳务公司签订了一份协议书，刘某向劳务公司交纳履约保证金5000元及代收考核费300元，协议书规定如因外方原因或劳务公司原因不能将刘某派往某国，刘某交纳的保证金扣除为其办理出国及其他相关手续已发生的费用后返还。2015年2月，双方又签订了一份培训协议，约定刘某交纳培训费2500元、人身意外保险费100元、服装被褥费300元。

此外，刘某又交纳了500元培训保证金。刘某共计交纳了8700元。事后，刘某参加了公司组织的培训。后来因为某国拒发签证，公司无法为刘某办理出国务工事务。刘某要求公司退还全部费用，但劳务公司认为，根据协议书相关条款，如因外方原因不能将刘某派出国，所交保证金扣除为刘某办理出国及其他相关手续已发生的费用后返还。这次出国劳务未成是因为某国政府拒发签证导致的，与公司没有关系，公司不存在违约行为。因此，刘某交纳的5000元保证金中，扣除翻译费、公证费共计830元，中国外交部认证费320元，某国认证费300元，加上代收的考核费300元共计1750元不予退还。此外根据相关条款，培训费2500元以及人身意外保险费、服装费等共计2900元不予退还。培训保证金500元可以退还。刘某却认为劳务公司除全额退还8700元外，还应赔偿误工费2万元。

解析：此协议书为格式合同，相关条款实际将风险全部转嫁给刘某而免除了公司的责任，有失公允，所以该条款无效。劳务公司应将扣除的翻译费、公证费、认证费退还。刘某虽然接受了培训，但劳务公司未组织有关部门进行考核，也未能给刘某办理好出国务工手续，合同目的未实现，应将收取的培训费退还。因此劳务公司应返还给刘某保证金5000元、培训费2500元、培训保证金500元、考试费300元。

16. 出国打工受伤，国内公司应担责

案例：2014年5月，某公司将陈某等人派往老挝一家水泥厂，从事该公司承包的机械设备安装工作。同年8月，陈某在工作过程中被物件砸伤右膝关节，随后被送往当地医院治疗。10月，陈某转回国内医院作进一步治疗，并于当年12月出院。经司法鉴定所鉴定，陈某伤情构成十级伤残。陈某受伤及在回国治疗期间，该公司仅支付陈某1.4万余元，其余费用双方多次协商均未能达成协议。为此，陈某诉至法院，请求依法判决被告赔偿其各种损失合计8万余元。

解析：法院审理后认为，公民的人身健康权受法律保护。陈某系该公司的招聘员工，受公司指派出国务工，在安装机械设备工作过程中，不慎被物件砸伤，根据《最高人民法院关于审理人身损害赔偿案件适用法律若干问题的解释》的有关规定，被告应当承担全部赔偿责任。陈某受伤害所造成的各项经济损失6万余元，依法应由该公司承担全部赔偿责任。

17. 核泄漏放弃日本劳务，2万元中介费可否退回

案例：由于家境贫困，帅某决定到国外打工挣钱养家。2011年初，他与一家中介公司签订了赴日劳务协议，并交纳了2万元中介费用。但是一场突如其来的大地震、海啸，特别是福岛核泄漏，让帅某打了退堂鼓，他想放弃出国，但是中介表示如果现在反悔就等于违约，劳务人员必须自行承担违约责任，已经交纳的费用是不能退还的。“按理说地震、海啸都属于天灾，是不可抗力，出国合同解约是理所当然的，为啥不能退我费用呢?”帅某无奈地质疑。

解析：如果出国人员的赴日目的地为宫城、福岛、岩手等地震灾区，而且赴日后的接收工厂、学校等地已经在地震中彻底损坏，无法开展工作，那么应视为遭遇“不可抗力”因素，中介或者代办机构应该全额退还已经收取的费用；如果赴日目的地并未受到地震影响，放弃出国应视为合同违约，是否退还费用、退还比例等都应该按照合同约定执行，或由出国人员和代办机构双方进行协商。

为了维护自身权益，出国务工人员可以和代办机构协商，在原出国协议后增加补充协议，进一步约定在国外如遇到危险应如何处理、造成损失如何赔偿等相关问题。

18. 出国劳务面试遭拒签，代理人应返还代理费

案例：小张是某酒店的厨师，在工作中他结识了子女都在加拿大定居的老左。两人相熟后，闲谈中小张得知老左能帮助其到加拿大工作，有一技之长的他便有意托老左为其办理出国手续。随后，按老左的要求，小张出具授权委托书一份，全权委托老左与某国际劳务公司签约以办理到加拿大做厨师工作签证事宜。小张之后在老左为其提供的空白移民服务授权及协议上签名并支付给老左 75000 元代理费用。谁知信心满满的小张先后三次到北京大使馆面试均因自身原因未通过考核，工作签证被拒签。申请出国工作不成，小张要求老左退还代理费用，但老左只愿退还小张一半的代理费用。

解析：小张委托老左代为办理到加拿大工作事宜，且将代理费交给老左，小张并未直接与某国际劳务公司发生关系。此案中，老左既是中介人，又是委托人，理应保护小张的利益；而根据某国际劳务公司的服务简介，申请不成功只收取折合成人民币约 5000 元的申请费和三次签证费，老左作为委托人，其代收小张的费用，在事情未办理成功后，理应将剩余的款项全部退还给当事人。

19. 出国打工死于疟疾，算不算“意外死亡”

案例：农民工王某被外派到南非工作，却不幸死于疟疾。保险公司认为这不算“意外死亡”，拒绝理赔。而其家属认为，疟疾是被蚊虫叮咬而感染疟原虫引起的传染病。王某死于疟疾属于因意外伤害而身故，保险公司理应承担赔偿责任。诉诸法院后，法院最终支持了家属主张。对于这一判决结果，保险公司不服，提起上诉。

解析：疟疾本身是一种疾病，但像王某这样出国打工因被蚊虫叮咬而感染疟疾致死的情形是否属于意外伤害，存在争议。一种观点认为，被蚊虫叮咬属于外来的、突发的、非本意的、非疾病的客观事件，该事件直接致人感染疟疾死亡，应当认定为意外伤害。另一种观点则认为，在非洲出国打工被蚊虫叮咬，并非不可预见。被蚊虫叮咬本身并不一定会感染疟疾，从发病到死亡均与个体的身体差异有关。因此，出国打工被蚊虫叮咬不属于意外伤害。本案当事人双方分歧较大，在法官的主持下最终达成调解，保险公司最终同意赔付部分保险金。

20. 别人盗用我的身份信息出国打工，如何计算赔偿损失

案例：农民工郭某与白某是同乡，两人曾相约去马来西亚打工，但后来由于家事白某未能前去，而郭某则成功赴马来西亚打了三年工，挣了几十万。白某一次无意中发现郭某是盗用了自己的身份信息出国打工，现郭某已经回国一年了，白某想控告郭某并要求郭某将30%的打工收入作为赔偿。

解析：冒用对方姓名的行为属于侵权行为，根据民法通则的规定，遭受侵害的被侵权人有权要求对方停止侵害，恢复名誉，消除影响，赔礼道歉，并可以要求赔偿损失，因此白某可以侵权为由向法院提起民事诉讼。具体赔偿金额，则不能单纯以郭某打工收入为基数，而应以侵犯姓名权、肖像权等的损害程度确定赔偿额。

第七章
附　录

对外劳务合作管理条例

第一章　总　　则

第一条　为了规范对外劳务合作，保障劳务人员的合法权益，促进对外劳务合作健康发展，制定本条例。

第二条　本条例所称对外劳务合作，是指组织劳务人员赴其他国家或者地区为国外的企业或者机构（以下统称国外雇主）工作的经营性活动。

国外的企业、机构或者个人不得在中国境内招收劳务人员赴国外工作。

第三条　国家鼓励和支持依法开展对外劳务合作，提高对外劳务合作水平，维护劳务人员的合法权益。

国务院有关部门制定和完善促进对外劳务合作发展的政策措施，建立健全对外劳务合作服务体系以及风险防范和处置机制。

第四条 国务院商务主管部门负责全国的对外劳务合作监督管理工作。国务院外交、公安、人力资源社会保障、交通运输、住房城乡建设、渔业、工商行政管理等有关部门在各自职责范围内，负责对外劳务合作监督管理的相关工作。

县级以上地方人民政府统一领导、组织、协调本行政区域的对外劳务合作监督管理工作。县级以上地方人民政府商务主管部门负责本行政区域的对外劳务合作监督管理工作，其他有关部门在各自职责范围内负责对外劳务合作监督管理的相关工作。

第二章　从事对外劳务合作的企业与劳务人员

第五条 从事对外劳务合作，应当按照省、自治区、直辖市人民政府的规定，经省级或者设区的市级人民政府商务主管部门批准，取得对外劳务合作经营资格。

第六条 申请对外劳务合作经营资格，应当具备下列条件：

（一）符合企业法人条件；

（二）实缴注册资本不低于600万元人民币；

（三）有3名以上熟悉对外劳务合作业务的管理人员；

（四）有健全的内部管理制度和突发事件应急处置制度；

（五）法定代表人没有故意犯罪记录。

第七条 申请对外劳务合作经营资格的企业，应当向所在地省级或者设区的市级人民政府商务主管部门（以下称负责审批的商务主管部门)提交其符合本条例第六条规定条件的证明材料。负责审批的商务主管部门应当自收到证明材料之日起 20 个工作日内进行审查，作出批准或者不予批准的决定。予以批准的，颁发对外劳务合作经营资格证书；不予批准的，书面通知申请人并说明理由。

申请人持对外劳务合作经营资格证书，依法向工商行政管理部门办理登记。

负责审批的商务主管部门应当将依法取得对外劳务合作经营资格证书并办理登记的企业(以下称对外劳务合作企业)名单报至国务院商务主管部门，国务院商务主管部门应当及时通报中国驻外使馆、领馆。

未依法取得对外劳务合作经营资格证书并办理登记，不得从事对外劳务合作。

第八条　对外劳务合作企业不得允许其他单位或者个人以本企业的名义组织劳务人员赴国外工作。

任何单位和个人不得以商务、旅游、留学等名义组织劳务人员赴国外工作。

第九条　对外劳务合作企业应当自工商行政管理部门登记之日起 5 个工作日内，在负责审批的商务主管部门指定的银行开设专门账户，缴存不低于 300 万元人民币的对外劳务合作风险处置备用金(以下简称备用金)。备用金也可以通过向负责审批的商务主管部门提交等额银行保函的方式缴存。

负责审批的商务主管部门应当将缴存备用金的对外劳务合作企业名单向社会公布。

第十条 备用金用于支付对外劳务合作企业拒绝承担或者无力承担的下列费用：

（一）对外劳务合作企业违反国家规定收取，应当退还给劳务人员的服务费；

（二）依法或者按照约定应当由对外劳务合作企业向劳务人员支付的劳动报酬；

（三）依法赔偿劳务人员的损失所需费用；

（四）因发生突发事件，劳务人员回国或者接受紧急救助所需费用。

备用金使用后，对外劳务合作企业应当自使用之日起20个工作日内将备用金补足到原有数额。

备用金缴存、使用和监督管理的具体办法由国务院商务主管部门会同国务院财政部门制定。

第十一条 对外劳务合作企业不得组织劳务人员赴国外从事与赌博、色情活动相关的工作。

第十二条 对外劳务合作企业应当安排劳务人员接受赴国外工作所需的职业技能、安全防范知识、外语以及用工项目所在国家或者地区相关法律、宗教信仰、风俗习惯等知识的培训；未安排劳务人员接受培训的，不得组织劳务人员赴国外工作。

劳务人员应当接受培训，掌握赴国外工作所需的相关技能和知识，提高适应国外工作岗位要求以及安全防范的能力。

第十三条 对外劳务合作企业应当为劳务人员购买在国外工作期间的人身意外伤害保险。但是，对外劳务合作企业与国外雇主约定由国外雇主为劳务人员购买的除外。

第十四条　对外劳务合作企业应当为劳务人员办理出境手续，并协助办理劳务人员在国外的居留、工作许可等手续。

对外劳务合作企业组织劳务人员出境后，应当及时将有关情况向中国驻用工项目所在国使馆、领馆报告。

第十五条　对外劳务合作企业、劳务人员应当遵守用工项目所在国家或者地区的法律，尊重当地的宗教信仰、风俗习惯和文化传统。

对外劳务合作企业、劳务人员不得从事损害国家安全和国家利益的活动。

第十六条　对外劳务合作企业应当跟踪了解劳务人员在国外的工作、生活情况，协助解决劳务人员工作、生活中的困难和问题，及时向国外雇主反映劳务人员的合理要求。

对外劳务合作企业向同一国家或者地区派出的劳务人员数量超过100人的，应当安排随行管理人员，并将随行管理人员名单报中国驻用工项目所在国使馆、领馆备案。

第十七条　对外劳务合作企业应当制定突发事件应急预案。国外发生突发事件的，对外劳务合作企业应当及时、妥善处理，并立即向中国驻用工项目所在国使馆、领馆和国内有关部门报告。

第十八条　用工项目所在国家或者地区发生战争、暴乱、重大自然灾害等突发事件，中国政府作出相应避险安排的，对外劳务合作企业和劳务人员应当服从安排，予以配合。

第十九条　对外劳务合作企业停止开展对外劳务合作的，应当对其派出的尚在国外工作的劳务人员作出妥善安排，并将安排方案报负责审批的商务主管部门备案。负责审批的商务主管部门应当将安排方案报至国务院商务主管部门，国务院商务主管部门应当及时通报中国驻用工项目所在国使馆、领馆。

第二十条 劳务人员有权向商务主管部门和其他有关部门投诉对外劳务合作企业违反合同约定或者其他侵害劳务人员合法权益的行为。接受投诉的部门应当按照职责依法及时处理，并将处理情况向投诉人反馈。

第三章 与对外劳务合作有关的合同

第二十一条 对外劳务合作企业应当与国外雇主订立书面劳务合作合同；未与国外雇主订立书面劳务合作合同的，不得组织劳务人员赴国外工作。

劳务合作合同应当载明与劳务人员权益保障相关的下列事项：

（一）劳务人员的工作内容、工作地点、工作时间和休息休假；

（二）合同期限；

（三）劳务人员的劳动报酬及其支付方式；

（四）劳务人员社会保险费的缴纳；

（五）劳务人员的劳动条件、劳动保护、职业培训和职业危害防护；

（六）劳务人员的福利待遇和生活条件；

（七）劳务人员在国外居留、工作许可等手续的办理；

（八）劳务人员人身意外伤害保险的购买；

（九）因国外雇主原因解除与劳务人员的合同对劳务人员的经济补偿；

（十）发生突发事件对劳务人员的协助、救助；

(十一)违约责任。

第二十二条 对外劳务合作企业与国外雇主订立劳务合作合同，应当事先了解国外雇主和用工项目的情况以及用工项目所在国家或者地区的相关法律。

用工项目所在国家或者地区法律规定企业或者机构使用外籍劳务人员需经批准的，对外劳务合作企业只能与经批准的企业或者机构订立劳务合作合同。

对外劳务合作企业不得与国外的个人订立劳务合作合同。

第二十三条 除本条第二款规定的情形外，对外劳务合作企业应当与劳务人员订立书面服务合同；未与劳务人员订立书面服务合同的，不得组织劳务人员赴国外工作。服务合同应当载明劳务合作合同中与劳务人员权益保障相关的事项，以及服务项目、服务费及其收取方式、违约责任。

对外劳务合作企业组织与其建立劳动关系的劳务人员赴国外工作的，与劳务人员订立的劳动合同应当载明劳务合作合同中与劳务人员权益保障相关的事项；未与劳务人员订立劳动合同的，不得组织劳务人员赴国外工作。

第二十四条 对外劳务合作企业与劳务人员订立服务合同或者劳动合同时，应当将劳务合作合同中与劳务人员权益保障相关的事项以及劳务人员要求了解的其他情况如实告知劳务人员，并向劳务人员明确提示包括人身安全风险在内的赴国外工作的风险，不得向劳务人员隐瞒有关信息或者提供虚假信息。

对外劳务合作企业有权了解劳务人员与订立服务合同、劳动合同直接相关的个人基本情况，劳务人员应当如实说明。

第二十五条 对外劳务合作企业向与其订立服务合同的劳务人员收取服务费，应当符合国务院价格主管部门会同国务院商务主管部门制定的有关规定。

对外劳务合作企业不得向与其订立劳动合同的劳务人员收取服务费。

对外劳务合作企业不得以任何名目向劳务人员收取押金或者要求劳务人员提供财产担保。

第二十六条 对外劳务合作企业应当自与劳务人员订立服务合同或者劳动合同之日起10个工作日内，将服务合同或者劳动合同、劳务合作合同副本以及劳务人员名单报负责审批的商务主管部门备案。负责审批的商务主管部门应当将用工项目、国外雇主的有关信息以及劳务人员名单报至国务院商务主管部门。

商务主管部门发现服务合同或者劳动合同、劳务合作合同未依照本条例规定载明必备事项的，应当要求对外劳务合作企业补正。

第二十七条 对外劳务合作企业应当负责协助劳务人员与国外雇主订立确定劳动关系的合同，并保证合同中有关劳务人员权益保障的条款与劳务合作合同相应条款的内容一致。

第二十八条 对外劳务合作企业、劳务人员应当信守合同，全面履行合同约定的各自的义务。

第二十九条 劳务人员在国外实际享有的权益不符合合同约定的，对外劳务合作企业应当协助劳务人员维护合法权益，要求国外雇主履行约定义务、赔偿损失；劳务人员未得到应有赔偿的，有权要求对外劳务合作企业承担相应的赔偿责任。对外劳务合作企业不协助劳务人员向国外雇主要求赔偿的，劳务人员可以直接向对外劳务合作企业要求赔偿。

劳务人员在国外实际享有的权益不符合用工项目所在国家或者地区法律规定的，对外劳务合作企业应当协助劳务人员维护合法权益，要求国外雇主履行法律规定的义务、赔偿损失。

因对外劳务合作企业隐瞒有关信息或者提供虚假信息等原因，导致劳务人员在国外实际享有的权益不符合合同约定的，对外劳务合作企业应当承担赔偿责任。

第四章 政府的服务和管理

第三十条 国务院商务主管部门会同国务院有关部门建立对外劳务合作信息收集、通报制度，为对外劳务合作企业和劳务人员无偿提供信息服务。

第三十一条 国务院商务主管部门会同国务院有关部门建立对外劳务合作风险监测和评估机制，及时发布有关国家或者地区安全状况的评估结果，提供预警信息，指导对外劳务合作企业做好安全风险防范；有关国家或者地区安全状况难以保障劳务人员人身安全的，对外劳务合作企业不得组织劳务人员赴上述国家或者地区工作。

第三十二条 国务院商务主管部门会同国务院统计部门建立对外劳务合作统计制度，及时掌握并汇总、分析对外劳务合作发展情况。

第三十三条 国家财政对劳务人员培训给予必要的支持。

国务院商务主管部门会同国务院人力资源社会保障部门应当

加强对劳务人员培训的指导和监督。

第三十四条 县级以上地方人民政府根据本地区开展对外劳务合作的实际情况，按照国务院商务主管部门会同国务院有关部门的规定，组织建立对外劳务合作服务平台(以下简称服务平台)，为对外劳务合作企业和劳务人员无偿提供相关服务，鼓励、引导对外劳务合作企业通过服务平台招收劳务人员。

国务院商务主管部门会同国务院有关部门应当加强对服务平台运行的指导和监督。

第三十五条 中国驻外使馆、领馆为对外劳务合作企业了解国外雇主和用工项目的情况以及用工项目所在国家或者地区的法律提供必要的协助，依据职责维护对外劳务合作企业和劳务人员在国外的正当权益，发现违反本条例规定的行为及时通报国务院商务主管部门和有关省、自治区、直辖市人民政府。

劳务人员可以合法、有序地向中国驻外使馆、领馆反映相关诉求，不得干扰使馆、领馆正常工作秩序。

第三十六条 国务院有关部门、有关县级以上地方人民政府应当建立健全对外劳务合作突发事件预警、防范和应急处置机制，制定对外劳务合作突发事件应急预案。

对外劳务合作突发事件应急处置由组织劳务人员赴国外工作的单位或者个人所在地的省、自治区、直辖市人民政府负责，劳务人员户籍所在地的省、自治区、直辖市人民政府予以配合。

中国驻外使馆、领馆协助处置对外劳务合作突发事件。

第三十七条 国务院商务主管部门会同国务院有关部门建立对外劳务合作不良信用记录和公告制度，公布对外劳务合作企业和国外雇主不履行合同约定、侵害劳务人员合法权益的行为，以及对对外劳务合作企业违法行为的处罚决定。

第三十八条　对违反本条例规定组织劳务人员赴国外工作，以及其他违反本条例规定的行为，任何单位和个人有权向商务、公安、工商行政管理等有关部门举报。接到举报的部门应当在职责范围内及时处理。

国务院商务主管部门会同国务院公安、工商行政管理等有关部门，建立健全相关管理制度，防范和制止非法组织劳务人员赴国外工作的行为。

第五章　法律责任

第三十九条　未依法取得对外劳务合作经营资格，从事对外劳务合作的，由商务主管部门提请工商行政管理部门依照《无照经营查处取缔办法》的规定查处取缔；构成犯罪的，依法追究刑事责任。

第四十条　对外劳务合作企业有下列情形之一的，由商务主管部门吊销其对外劳务合作经营资格证书，有违法所得的予以没收：

（一）以商务、旅游、留学等名义组织劳务人员赴国外工作；

（二）允许其他单位或者个人以本企业的名义组织劳务人员赴国外工作；

（三）组织劳务人员赴国外从事与赌博、色情活动相关的工作。

第四十一条　对外劳务合作企业未依照本条例规定缴存或者补足备用金的，由商务主管部门责令改正；拒不改正的，吊销其对外劳务合作经营资格证书。

第四十二条 对外劳务合作企业有下列情形之一的，由商务主管部门责令改正；拒不改正的，处5万元以上10万元以下的罚款，并对其主要负责人处1万元以上3万元以下的罚款：

（一）未安排劳务人员接受培训，组织劳务人员赴国外工作；

（二）未依照本条例规定为劳务人员购买在国外工作期间的人身意外伤害保险；

（三）未依照本条例规定安排随行管理人员。

第四十三条 对外劳务合作企业有下列情形之一的，由商务主管部门责令改正，处10万元以上20万元以下的罚款，并对其主要负责人处2万元以上5万元以下的罚款；在国外引起重大劳务纠纷、突发事件或者造成其他严重后果的，吊销其对外劳务合作经营资格证书：

（一）未与国外雇主订立劳务合作合同，组织劳务人员赴国外工作；

（二）未依照本条例规定与劳务人员订立服务合同或者劳动合同，组织劳务人员赴国外工作；

（三）违反本条例规定，与未经批准的国外雇主或者与国外的个人订立劳务合作合同，组织劳务人员赴国外工作；

（四）与劳务人员订立服务合同或者劳动合同，隐瞒有关信息或者提供虚假信息；

（五）在国外发生突发事件时不及时处理；

（六）停止开展对外劳务合作，未对其派出的尚在国外工作的劳务人员作出安排。

有前款第四项规定情形，构成犯罪的，依法追究刑事责任。

第四十四条 对外劳务合作企业向与其订立服务合同的劳务人员收取服务费不符合国家有关规定，或者向劳务人员收取押金、要求劳务人员提供财产担保的，由价格主管部门依照有关价格的法律、行政法规的规定处罚。

对外劳务合作企业向与其订立劳动合同的劳务人员收取费用的，依照《中华人民共和国劳动合同法》的规定处罚。

第四十五条 对外劳务合作企业有下列情形之一的，由商务主管部门责令改正；拒不改正的，处1万元以上2万元以下的罚款，并对其主要负责人处2000元以上5000元以下的罚款：

(一)未将服务合同或者劳动合同、劳务合作合同副本以及劳务人员名单报商务主管部门备案；

(二)组织劳务人员出境后，未将有关情况向中国驻用工项目所在国使馆、领馆报告，或者未依照本条例规定将随行管理人员名单报负责审批的商务主管部门备案；

(三)未制定突发事件应急预案；

(四)停止开展对外劳务合作，未将其对劳务人员的安排方案报商务主管部门备案。

对外劳务合作企业拒不将服务合同或者劳动合同、劳务合作合同副本报商务主管部门备案，且合同未载明本条例规定的必备事项，或者在合同备案后拒不按照商务主管部门的要求补正合同必备事项的，依照本条例第四十三条的规定处罚。

第四十六条 商务主管部门、其他有关部门在查处违反本条例行为的过程中，发现违法行为涉嫌构成犯罪的，应当依法及时移送司法机关处理。

第四十七条 商务主管部门和其他有关部门的工作人员，在对外劳务合作监督管理工作中有下列行为之一的，依法给予处分；构成犯罪的，依法追究刑事责任：

(一)对不符合本条例规定条件的对外劳务合作经营资格申请予以批准；

(二)对外劳务合作企业不再具备本条例规定的条件而不撤销原批准；

(三)对违反本条例规定组织劳务人员赴国外工作以及其他违反本条例规定的行为不依法查处；

(四)其他滥用职权、玩忽职守、徇私舞弊，不依法履行监督管理职责的行为。

第六章 附 则

第四十八条 有关对外劳务合作的商会按照依法制定的章程开展活动，为成员提供服务，发挥自律作用。

第四十九条 对外承包工程项下外派人员赴国外工作的管理，依照《对外承包工程管理条例》以及国务院商务主管部门、国务院住房城乡建设主管部门的规定执行。

外派海员类(不含渔业船员)对外劳务合作的管理办法，由国务院交通运输主管部门根据《中华人民共和国船员条例》以及本条例的有关规定另行制定。

第五十条 组织劳务人员赴香港特别行政区、澳门特别行政区、台湾地区工作的，参照本条例的规定执行。

第五十一条 对外劳务合作企业组织劳务人员赴国务院商务主管部门会同国务院外交等有关部门确定的特定国家或者地区工作的，应当经国务院商务主管部门会同国务院有关部门批准。

第五十二条 本条例施行前按照国家有关规定经批准从事对外劳务合作的企业，不具备本条例规定条件的，应当在国务院商务主管部门规定的期限内达到本条例规定的条件；逾期达不到本条例规定条件的，不得继续从事对外劳务合作。

第五十三条 本条例自2012年8月1日起施行。